PAULO FREIRE

Patrono da Educação Brasileira

O SEMEADOR DE UTOPIAS

Os inéditos viáveis dos sonhos impossíveis

Ana Maria Araújo Freire

Marília Pinheiro Machado de Souza

(Organizadoras)

Peri Mesquida

(Editor)

ARTE E LETRA

PUCPRESS

Curitiba

2022

ARTE & LETRA

Coordenação: **Thiago Marés de Souza Tizzot**
Capa, projeto gráfico e diagramação: **Frede Tizzot**

PUCPRESS

Coordenação: **Michele Marcos de Oliveira**
Edição: **Susan Cristine Trevisani dos Reis**
Edição de arte: **Rafael Matta Carnasciali**
Preparação de texto: **Juliana Almeida Colpani Ferezin**

Freire, Paulo F866s
O semeador de utopias : os inéditos viáveis dos sonhos impossíveis / Paulo Freire ; Ana Maria Araújo Freire, Marília Pinheiro Machado de Souza (organizadoras) ; Peri Mesquida (editor). – Curitiba : PUCPRESS, 2022.
232 p. ; 21 cm
Inclui bibliografia
ISBN 978-65-5385-000-2 / 978-85-54945-98-5 (e-book)

1. Freire, Paulo, 1921-1997 – Discursos, ensaios, conferências.
2. Educação popular. 3. Educação – Finalidades e objetivos. I. Freire, Ana Maria Araújo. II. Souza, Marília Pinheiro Machado de. III. Mesquida, Peri.
IV. Título
22-112 CDD 20. ed. – 370.115

COLABORADORES

Edição técnica: **Peri Mesquida**
Notas de rodapé explicativas: **Peri Mesquida**
Leitura crítica: **Erasto Fortes Mendonça**
Digitalização dos textos: **Fernando Marés de Souza**
Organização dos textos: **Janaina de Paula Machado**
Entrevistadores: **Tânia Maria Moreira Santos, Alexandre Aragão de Albuquerque, Maria Teresa Lisboa Nobre e Teresa Cristina Moreira de Lucena**

Dados da Catalogação na Publicação
Pontifícia Universidade Católica do Paraná
Sistema Integrado de Bibliotecas – SIBI/PUCPR
Biblioteca Central
Luci Eduarda Wielganczuk – CRB 9/1118

PUCPRESS / Editora Universitária Champagnat
Rua Imaculada Conceição, 1155 - Prédio da Administração - 6º andar
Campus Curitiba - CEP 80215-901 - Curitiba / PR
Tel. +55 (41) 3271-1701
pucpress@pucpr.br

ARTE & LETRA
Rua Desembargador Motta, 2011
CEP 80420-162 – Curitiba / PR
Tel. +55 (41) 3223-5302
www.arteeletra.com.br

AGRADECIMENTOS

Agradecimento para Fernando Marés de Souza pelo trabalho e acompanhamento da digitalização e para Janaina de Paula Machado pelo auxílio na organização dos textos.

SUMÁRIO

PARTE II

PREFÁCIO

MEMÓRIA DE UM ENCONTRO COM PAULO FREIRE

Relembrar um encontro com Paulo Freire é contribuir com a história da Educação Brasileira. No ano de 1992, mês de abril e mês de junho, promovemos encontros de quatro palestras com professor Paulo Freire, em Curitiba. O público presente composto de educadores curitibanos. Professores e professoras do ensino fundamental, médio e universitário. Muitos estudantes, alguns vereadores. Auditório lotado, com capacidade de 200 pessoas.

No dia 04 de abril, um registro muito marcante foi a entrada de Paulo Freire no auditório. A porta de acesso para plateia era pela parte de trás, portanto para chegar até a mesa dos trabalhos, que estava localizada no palco, precisava atravessar toda plateia. Quando o professor Paulo apareceu na porta de entrada com sua figura inconfundível e acolhedora, todos os presentes, ao mesmo tempo, se levantaram e aplaudiram demoradamente a sua passagem pelo espaço longo do auditório. Uma saudação inesquecível e muito emocionante, espontânea, digna daquele que foi um dos maiores educadores brasileiros. Houve muita emoção! Importante lembrar que após sua volta do exílio em Genebra, era a primeira vez que vinha à Curitiba.

Os textos presentes nesta publicação representam a fala de Paulo Freire, que embora gravadas em vídeo cassete, era o que dispúnhamos no ano de 1992, foram transcritas para CD e depois degravadas. Falas generosas, ditas com a simplicidade e a grandeza de Paulo Freire, ultrapassando o tempo, tornando-se atuais porque faladas assim como se fossem para os dias de hoje. O título dos trabalhos: *A educação brasileira: o sonho possível.*

O auditório do SENAC (Serviço Nacional de Aprendizagem Comercial) de Curitiba, onde se realizou o evento, estava lotado e algumas professoras que vieram para fazer inscrição em cima do horário previsto, sabendo que não havia mais lugares disponíveis, não se conformaram de não poder entrar. Paulo havia pedido que não puséssemos pessoas a mais do que lugares existentes, pois isso o deixaria muito cansado.

Entendo que três pontos pedagógicos sustentaram toda fala de Paulo Freire. O primeiro que é a leitura da palavra que remete a uma prévia leitura de mundo, leitura que é social, pois se faz na articulação entre a palavra e o mundo dos educandos. O segundo é a educação brasileira enquanto sonho possível, ou seja, a esperança de uma escola com qualidade de ensino e com direito de acesso para todos e todas, é o sonho para escola brasileira. Também, e não menos importante, a terceira questão foi a interdisciplinaridade que foi muito bem descrita, bem explicada. A interdisciplinaridade foi um dos pilares na gestão municipal de Paulo Freire no município São Paulo.

Paulo Freire foi secretário municipal de educação do município de São Paulo na gestão da prefeita Luiza Erundina (1989 a 1993). No mês de maio de 1991 deixou a Secretaria Municipal de Educação para ter tempo de continuar escrevendo. "*Não estou deixando a luta, mas mudando, simplesmente, de frente. A briga continua a mesma. Onde quer que eu esteja estarei me empenhando, como vocês, em favor da escola pública, popular e democrática*", palavras de Paulo Freire. Assume, em seu lugar, o professor Mario Sergio Cortella, até então assessor em seu gabinete.

O registro do trabalho desenvolvido na Educação Municipal por Paulo Freire encontra-se publicado no livro *A Educação na Cidade*, uma ótima base de orientação para quem atua nesta importante área da educação pública.

No início dos trabalhos, Paulo Freire demonstra seu afeto ao paranaense Carlos Marés com quem se encontrava quando ia a trabalho para África, na Ilha de São Tomé e Príncipe, onde desenvolvia projeto de Alfabetização de Adultos e Carlos Marés era o advogado da ilha, coordenando os assuntos jurídicos. O livro *A importância do Ato de Ler*, merecedor de destacado prêmio, foi escrito por lá. A ilha tinha, à época, se tornado independente de Portugal. Retomava, assim, outro modo de vida, reconhecendo a participação popular e reformulando a educação, sua legislação e demais setores da sociedade.

As palestras proferidas por Paulo Freire aqui reproduzidas tiveram um valor pedagógico muito importante porque foram realizadas no formato de aulas, sendo que a relação criada foi de professor-aluno. O professor que explica, questiona, estabelece a crítica, repensa e o professor que cansa. Por vezes, pedia licença para o público e permanecia alguns minutos em profundo silêncio, sendo correspondido pelo total silêncio de todas e todos os presentes. Momentos muito significativos, que hoje me fazem lembrar um poema da curitibana Luci Collin,[1] que escreveu *"Os silêncios recuperam a porosidade das rochas, o advento das peças da flor, o insabido das brasas* ***e a razão à palavra.****"*

Paulo Freire mencionou muitos educadores e pensadores, tanto brasileiros como estrangeiros. Dos citados destaca-se: o psicólogo soviético Lev Vygotsky, estudioso do desenvolvimento da aprendizagem e a importância das relações sociais

[1] COLLIN, Luci. *Rosa que está*. São Paulo: Iluminuras, 2019.

nesse processo, o socioconstrutivismo; a argentina Emilia Ferreiro, que se dedicou ao estudo da alfabetização como uma forma de se apropriar das funções sociais da escrita. E também do psicólogo e filósofo suíço Jean Piaget, a quem se referiu como um gênio. A médica e educadora italiana Maria Montessori. O sociólogo e economista alemão Karl Marx que foi muitas vezes citado. George Snyders, filósofo francês e pesquisador na área da educação, que defende a alegria na escola. Paulo Freire escreve em seu livro a *Educação na Cidade*: "*Sonhamos com uma escola que, porque séria, se dedique ao ensino de forma competente, mas, séria e competente ao ensino, seja uma escola geradora de alegria*".

Toda sua narrativa lembra muito seu primeiro livro *A Educação como Prática de Liberdade*, embora tenha trabalhado palavras, explicando significados, como bom professor de português que foi de Colégio Oswaldo Cruz na cidade de Recife no início de sua carreira.

É importante mencionar também a importância que Paulo Freire deu ao incentivo da curiosidade como fator para desenvolvimento da aprendizagem e do conhecimento. Através da curiosidade os estudantes descobrem a pesquisa e todas as possibilidades de novos saberes.

Em sua narrativa, Paulo Freire cita os *livros falados*, terminologia que foi por ele criada para os livros que estabelecem uma relação de diálogos com outros autores e permitem fazer inter-relação com outros textos. Cita, assim, um *livro falado*, escrito por Moacir Gadotti, por Sérgio Guimarães e por ele, Paulo Freire, que se chama *Pedagogia: Diálogo e Conflito*. Mostra também as possibilidades de um texto ir fazendo ganchos para contextos, com outros textos, com experiências vividas pelos alunos, fazendo assim, o necessário exercício crítico dos livros lidos.

Termino este breve relato com a parte final da poesia de Thiago de Mello, *Canção para os Fonemas da Alegria,* publicada na abertura do livro *Educação como prática da Liberdade,* de Paulo Freire.

Peço licença para terminar
soletrando a canção de rebeldia
que existe nos fonemas da alegria

canção de amor geral que vi crescer
nos olhos do homem que aprendeu a ler

Santiago do Chile, verão de 1967

Marília Pinheiro Machado de Souza
Organizadora

APRESENTAÇÃO

Leitores e leitoras de Paulo Freire, saibam que este não é um livro comum. Não foi escrito por ele, não está baseado em textos escritos por ele, nem é um livro dialogado, entre ele e outros educadores. É um livro falado que foi na sua origem ouvido, gravado e depois transcrito por mãos que não eram as dele. Mas, é uma obra inteira de Paulo Freire. Para editá-lo, tal como ele se apresenta agora, foi necessário ver e ouvir Freire dando palestras (vídeos), entrar na sua maneira peculiar de dizer as coisas e acompanhar seu raciocínio para, pela pontuação, traduzir as emoções, os sentimentos, as vibrações, as pausas, as continuidades, de forma a não trair a expressão das suas ideias e a força dos argumentos.

Dessa maneira, leitores e leitoras de Paulo Freire, assim como aqueles e aquelas que se encontram pela primeira vez com uma obra desse excepcional pedagogo, irão se deparar com um Freire a expressar suas emoções, sua raiva da maldade do modo de produção em vigor no Brasil e das "classes dominantes" que excluem e condenam à morte os "oprimidos". Por isso, educadores e educadoras não podem estar no mundo de maneira apática à realidade, às injustiças, à negação da humanidade e às violências que destroem a natureza. Sua responsabilidade é uma responsabilidade diante da negação, da violência e da destruição da natureza, é uma responsabilidade ética, pois, "é no domínio da decisão, da liberdade, da ruptura, da opção, que se instaura a necessidade da ética e se impõe a responsabilidade". (FREIRE, 1997, p. 9).

Mas terão encontros também com o nordestino amante da sua terra e da sua gente que por elas luta e briga com amorosidade enérgica. É um Freire informal, que gosta de dizer as coisas, maneja com destreza e força a palavra, abre parênteses e retorna ao ponto de onde parou sem perder o fio da meada. É um Freire intelectual militante em favor do que ele chama de educação progressista — uma educação como prática da liberdade com os oprimidos, pois "a educação não transforma o mundo. A educação muda pessoas e as pessoas transformam o mundo"; é também um Paulo amoroso das suas mulheres — aquela da qual ficou viúvo, Elza, e desta que ele deixou viúva, Nita —, dos filhos e filhas.

As palestras e a entrevista aqui apresentadas foram dadas em locais e tempos diferentes, no Brasil: na Universidade Estadual do Sudoeste da Bahia, em Vitória da Conquista, Bahia, no dia 13 de outubro de 1983; na Universidade Federal de Alagoas, Maceió, nos meses de junho e novembro de 1987, e no auditório do Serviço Nacional de Aprendizagem Comercial (SENAC), em Curitiba, em abril e junho de 1992; a entrevista foi concedida a membros da Comissão Pastoral dos Pescadores (CPP/CNBB NE2), no dia 1º de maio de 1986, em Recife. Apesar da distância temporal que as separa, e os diferentes temas que ensejaram a intervenções de Freire, é possível perceber uma coerência harmoniosa no discurso e nas posições do conferencista, e uma certa continuidade progressiva nas abordagens. Por isso procuramos não mexer nas frases, nos parágrafos, na forma como ele fala: um livro falado e ouvido.

Ele gosta de debate e provoca a plateia para o diálogo, não com "o antagônico, pois com este o diálogo não é possível", mas com o que pensa diferente cujos argumentos têm força científica, e não se baseiam "na doxa, na opinião". É assim que ele vê também a dialogicidade na relação professor e aluno, ou educador/educadora e educando/educanda, no "ato educativo". Sem diálogo não há educação libertadora, mas "educação bancária", na qual o educando e a educanda são simples depositários do conhecimento; memorizam para, em determinado ponto da ação pedagógica, passarem pelo exame. Não apreendem, nem aprendem, simplesmente "engolem" os conteúdos, sem que eles passem pelo processo necessário da crítica, do juízo, como esclarece: "Quanto mais se exercitem os educandos no arquivamento dos depósitos que lhes são feitos, tanto menos desenvolverão em si a consciência crítica de que resultaria a sua inserção no mundo, como transformadores dele. Como sujeitos" (FREIRE, 1987, p. 34). Neste sentido, é reveladora a correção que Paulo Freire faz da expressão "ato educativo", em uma das palestras de 1992, trocando-a por "ação educativa", pois a educação não é um "ato", algo estático, mas sim dinâmica, portanto, um "processo" dialógico. Somente pelo diálogo como método e como estratégia de prática pedagógica, se realiza a ação criativa e transformadora, pois é do choque dos contrários — não dos antagônicos — que se produz o novo. Em praticamente todas as palestras Freire defende a politicidade da educação, demonstrando que a neutralidade científica e, portanto, também a neutralidade da educação, é ideológica, falsa, um blefe. Se fosse hoje ele estaria certamente trazendo à tona o debate levantado desde 2004, pelo advogado Miguel Nagib, fundador do movimento Escola sem Partido, mostrando que a educação é política, ou não é educação. Historicamente, no Brasil, ela foi arma das elites, e "em sociedades cuja estrutura social e política é dominada pelas classes dominantes, a pedagogia dominante é a pedagogia das classes dominantes", como escreve na obra *Pedagogia do Oprimido* (FREIRE, 1987, p. 33), de certa maneira parafraseando Marx e Engels que escrevem: "As *ideias da classe dominante são, em cada época, as ideias dominantes,* isto é, a classe que é a força material dominante da sociedade é, ao mesmo tempo, sua força espiritual dominante" (MARX; ENGELS, 2007, p. 47).

Portanto, para Freire, aqueles que propagam a ideologia de que a educação não é política, estão defendendo uma certa educação, a educação como política a serviço das classes dominantes, que se traduz na "malvadez de uma economia construída de acordo com a ética — ou ausência dela — do mercado, do vale-tudo, do salve-se quem puder, do cada um por si" (FREIRE, 2000, p. 150). Educadores e educadoras não podem estar no mundo de "maneira apática à realidade, às injustiças, à negação da humanidade e às violências que destroem a vida". Ele diz em uma das palestras deste livro: "O meu sonho não é pedagógico, é político-pedagógico. Não é só pedagógico", pois a educação brasileira é historicamente política, e dominada por aqueles que têm "o poder de determinar os conteúdos e os métodos em favor dos seus interesses". Ela é, assim, "historicamente domesticante", afirma Paulo Freire. Do ponto de vista crítico, escreve Freire, é tão impossível negar a natureza política do processo educativo quanto negar o caráter educativo do ato político, por isso é que

> tanto no caso do processo educativo quanto no do ato político, uma das questões fundamentais seja a clareza em torno de *a favor de quem e do quê*, portanto *contra quem e contra o quê*, fazemos a educação e de *a favor de quem e do quê*, portanto *contra quem e contra o quê*, desenvolvemos a atividade política. (FREIRE, 1991, p. 15)

Conclui, Freire:

> Quanto mais ganhamos esta clareza através da prática, tanto mais percebemos a impossibilidade de separar o inseparável: a educação da política. Entendemos então, facilmente,

> não ser possível pensar, sequer, a educação, sem que se esteja atento à questão do poder. (FREIRE, 1991, p. 15)

Em uma das palestras que vocês lerão neste livro falado, Freire se manifesta de forma contundente contra o autoritarismo, também histórico no Brasil. O autoritarismo não aceita o diálogo; silencia o outro, como o Padre Antonio Vieira mostrou no seu sermão de 1640: uma sociedade silenciada é uma sociedade domesticada. E, para Freire,

> a existência, porque humana, não pode ser muda, silenciosa, nem tampouco pode nutrir-se de falsas palavras, mas de palavras verdadeiras, com que os homens e as mulheres transformam o mundo. Existir humanamente é pronunciar o mundo, é modificá-lo. O mundo pronunciado se volta, por sua vez, problematizado aos sujeitos pronunciantes, a exigir deles novo pronunciar, dialeticamente (FREIRE, 1987, p. 78).

A pronúncia do mundo é uma capacidade de homens e mulheres originada da leitura do mundo; esta exige a leitura da palavra que, por sua vez, pede a sua expressão, a sua pronúncia, que se traduz pela denúncia das situações-limite impostas à sociedade pelo conservadorismo opressor, e pelo anúncio prático da sua superação, viabilizando o inédito sonhado.

Ao longo das páginas deste livro, Freire alerta continuamente, nas suas conferências, para a morte dos sonhos. Não podemos deixar os sonhos morrerem, pois eles são "o motor da história". E a sociedade brasileira, que historicamente tem se caracterizado pela ação determinada de tornar os sonhos inviáveis, precisa ser reinventada na forma de um processo do despertar da esperança de que é possível construir uma sociedade melhor, mais justa, mais igual, mais humana. Não se trata de uma esperança qualquer. Não a "esperança do verbo esperar, esta não é esperança, é espera. Esperança é se levantar, é ir atrás; esperança é construir, é não desistir; esperança é levar adiante; esperança é juntar-se com outros para fazer de outro modo" (Paulo Freire). O esperançar é a ação de atualização da utopia, de fazê-la presente, materializá-la. Isso é o que Freire chama, na ação pedagógica, de caminho que vai da prática para a teoria, e desta para uma nova prática, da ação para a reflexão, e desta para a ação, realizando a práxis, uma verdadeira filosofia da práxis.

É possível dizer, parafraseando Paulo Freire, que *O Semeador de utopias: os inéditos viáveis dos sonhos impossíveis*, é um livro assim, falado com raiva, com emoção, com ternura, com amor, sem o que não há esperança. Uma ideia da tolerância, que não se confunde com a conivência, da radicalidade; é uma crítica ao sectarismo e uma recusa ao conservadorismo autoritário e excludente, machista, apegado ainda ao regime escravocrata colonial (FREIRE, 1992, p. 6). Um machismo que se expressa em coisas que se tornaram senso comum, mas refletem uma ideologia, como falar homem, incluindo aí a mulher, como se o vocábulo homem fosse capaz de universalizar os gêneros. Freire — vocês verão ao lerem este livro — faz um mea-culpa, dizendo que mesmo "colocando em risco a estética da frase, passei a dizer e a escrever: homem e mulher, educador e educadora".

É um livro que conduz o leitor e a leitora a sonhar sonhos possíveis, mas também a sonhar sonhos impossíveis, para fazer destes inéditos viáveis plantados pela semeadura da utopia. Utopia não como um "não-lugar", um lugar inexistente, mas como o lugar que **ainda** não existe e está pedindo para brotar pela ação de homens e mulheres, sonhadores e sonhadoras;

pela ação de educadores e educadoras que, como Paulo Freire, acreditam que a "utopia é revolucionária", verdadeiros e verdadeiras semeadores e semeadoras das utopias presentificadas pela esperança em ação, pelo esperançar.

É possível sonhar sonhos impossíveis e torná-los realidade? Paulo Freire nos auxilia a refletir sobre a resposta em meio às palestras transcritas nesse livro.

Peri Mesquida

Referências

FREIRE, Paulo. *Pedagogia da autonomia:* saberes necessários à prática educativa. Rio de Janeiro: Paz e Terra, 1997.

FREIRE, Paulo. *Pedagogia da indignação*: cartas pedagógicas e outros escritos. 1.ed. São Paulo: Editora UNESP, 2000.

FREIRE, Paulo. *Pedagogia do oprimido.* 17. ed. Rio de Janeiro: Paz e Terra, 1987.

FREIRE, Paulo. *A importância do ato de ler – em três artigos se completam.* São Paulo: Cortez Editora & Autores Associados, 1991.

FREIRE, Paulo. *Pedagogia da esperança:* um reencontro com a pedagogia do oprimido. São Paulo: Paz e Terra, 1992.

MARX, Karl; ENGELS, Friedrich. *A ideologia alemã.* São Paulo: Boitempo, 2007.

PARTE I

"A EDUCAÇÃO BRASILEIRA: O SONHO POSSÍVEL", CONFERÊNCIA PROFERIDA POR PAULO FREIRE, NO DIA 04 DE ABRIL DE 1992, NO AUDITÓRIO DO SENAC, EM CURITIBA (PR), PROMOVIDA PELO ESCRITÓRIO ARTE & LETRA, EDUCAÇÃO E CULTURA

LENDO A PALAVRA, DESVENDANDO O MUNDO

Eu tenho muito gosto em estar aqui hoje, porque eu carrego comigo uma série de outros momentos da minha vida. Ninguém é apenas um momento exato em escala, porque hoje é este dia, este momento e momentos anteriores. Mas eu queria dizer nessas primeiras palavras que, ter vindo hoje aqui, representou muito mais que um ato, um gesto de simplicidade, carinho, e que eu tive encontros muito felizes, muito contentes com Carlos Marés[2] quando éramos exilados políticos, ele e sua família, eu e minha família, eu morando na Suíça e ele morando na África, um país chamado São Tomé e Príncipe. Eu ia a cada dois meses para trabalhar junto com equipes de educadores de São Tomé. Ele fazia um bonito trabalho, delicado. Eu ajudava também, mas não morava lá.

Bem, eu dizia que uma razão de ter aceitado vir aqui hoje é essa, a possibilidade de estar pelo menos um tempo aqui. E

[2] Carlos Frederico Marés de Souza Filho (1946), Doutor em Direito, professor do Programa de Pós-Graduação *stricto sensu* em Direito da PUCPR, e professor colaborador das Universidades Federal de Goiás e Autônoma de San Luis Potosí, México; defensor das causas indígenas e de outros grupos excluídos.

a outra é o sentido da tarefa de natureza política. Quer dizer, o educador ou a educadora, sempre é político. Não necessariamente partidário. Cada um de nós deve ter também o seu postulado. Mas a gente é, sobretudo, político e é como político, mas não como partidário, que eu falo aqui hoje. Parece até um absurdo que eu estabeleça essa diferença. Mas essa diferença é muito sutil, desde que ela não seja mecanicista e antidialética. Desde que ela não rompa com a tensão entre o político e o partido, que militam na prática; desde que a gente não cometa esse pecado, é ético e fundamental desde que um educador, se de um lado, não deva esconder ou omitir a quem ouve e a seus alunos sua opção. Não tem porquê escondê-la, que não tenha vergonha de fazer parte de um partido no Brasil. Por outro lado, eu não tenho o direito de pretender que meus alunos todos virem membros do meu partido, e se não virarem, olha lá o zero. Porque isso é imoral, completamente imoral. É nesse sentido que eu disse que venho aqui como político, mas não necessariamente como partidário. Então essas duas coisas me trouxeram cá e eu as saliento, porque semana passada eu deixei a Secretaria Municipal da Educação de São Paulo, depois de dois anos e meio que eu estive dentro dela, eu deixei exatamente porque eu sentia uma fantástica falta de ler e de escrever. E eu não acredito muito que um secretário ou secretária tenha tempo para fazer isso. Quando um secretário vive escrevendo muito livro, ou alguém escreve por ele ou ele não é secretário. E a mim me fazia falta isso. Eu tinha certos compromissos comigo mesmo, com as editoras e com gente, de pôr no papel umas coisas que eu queria discutir. Depois de um largo tempo de convencimento da minha equipe de aceitar a minha saída, enfim, aceitaram. Hoje eu vivo em casa, trabalhando das sete da manhã às sete da noite, depois das oito, oito e meia eu me distraio. Eu sou um dos intelectuais deste país que assiste à novela, mas eu não tenho vergonha de dizer que assisto. Eu gosto de me distrair com coisas às vezes bem-feitas, mas às vezes muito malfeitas.

Eu estou escrevendo um livro agora,[3] uma retomada da *Pedagogia do Oprimido* que eu pensei que ia ser um novo prefácio, mas estou escrevendo tanto que vai ser outro livro. E sair do meu estilo é um sacrifício. Eu quero dizer a vocês que eu estou muito dividido hoje, porque de um lado eu estou contente por estar aqui, mas por outro eu estou sentindo uma baita falta de estar lá. Mas eu estou escrevendo muito.

Nas quintas eu entro cedo na universidade e saio tarde. Só volto para casa para almoçar, não aceito esse negócio de almoçar sem minha mulher. Eu trabalhei diferentemente na quinta-feira, e hoje estou trabalhando na sexta. E amanhã eu não vou poder continuar escrevendo, porque vou para o sítio. Nós estamos minha mulher e eu, a expressão correta é essa: submergidos em um mar de cartas. Cada dia chegam mais cartas, dez hoje, vinte amanhã. E eu respondo as cartas em partes. Em fax. Todo mundo manda fax agora, até para saber se está chovendo. Amanhã eu vou para o sítio, pois minha mulher tem setenta cartas para trabalhar. Mas são essas coisas: a positiva, é minha iniciativa política, da tarefa ao afetivo, poderia dizer assim. A negatividade disso tudo é a falta que eu sinto de estar escrevendo agora mesmo, mas tudo isso junto me dá a satisfação de estar aqui. Depois dessa introdução já muito longa, vamos começar a trabalhar a proposta desta introdução.

Eu estou entendendo o programa que vou falar hoje, que se compõem de três momentos inter-relacionados, três momentos

---

[3] Paulo Freire na época estava trabalhando na obra que sairia no final de 1992, intitulada *Pedagogia da esperança: um reencontro com a pedagogia do oprimido.*

muito importantes. Três momentos que têm a ver um com o outro. O primeiro momento é este agora, em que me é proposto que eu fale sobre um tema, um tema explicitado em uma frase, a Educação Brasileira: um sonho possível, que até está bonitamente posto.

Em primeiro lugar, eu vou fazer algo até como se eu estivesse sozinho. Eu vou trabalhar quando o homem está em frente a um objeto que aguça a minha curiosidade e que exige de mim uma postura cognitiva. Um objeto que exige de mim que eu tente conhecer. Eu acho que eu posso dizer que é um objeto que me põe em busca do conhecimento. Isso porque uma das tarefas do educador é procurar ser simples, mas nunca simplista. Há uma diferença muito grande entre simplicidade e simplismo. Simplicidade é você não desrespeitar aqueles e aquelas com quem você conversa, reduzindo a temática do que você fala a retalhos. Enquanto no simplismo, você minimiza a capacidade dos outros de entender o que você diz. E aí você fala meias verdades misturadas com mentiras. Eu acho horrível o simplismo, como acho horrível o elitismo. Tem gente que quanto mais fala de maneira difícil de ser entendida tanto melhor, chega em casa e diz à mulher: "Eu confesso que ninguém entendeu". Pelo contrário, eu acho que isso só vale quando descubro um riso de alegria em quem me ouve, porque pegou. Por isso vou, de vez em quando, usar esses palavrões que a academia coloca para a gente, vou dizendo o que é a simplicidade desses palavrões de origem grega, o que significam. Bem, de modo geral, eu queria dizer que eu me ponho diante dos objetos que conhecemos e que a gente chama tecnicamente o objeto, pois a gente se põe diante deles quando é curioso epistemologicamente. Quando a gente tem uma curiosidade que se encaminha no sentido do adentramento da gente na substantividade do objeto. O que é diferente de quando a gente puramente passeia a curiosidade da gente sobre as coisas, como se a gente puramente andarilhasse sobre os fatos, como se anda sobre as ruas.

De manhã você se ajeita, toma seu café, sai, você percebe as pessoas com quem você cruza, para diante de um semáforo automaticamente, porque olha e vê que não é verde, você já se socializou para saber que o verde é que deixa que você passe. Mas você não se pergunta jamais o porquê de nada disso. Você faz isso. Porque tudo isso já foi internalizado na sua forma comportamental e social. Quando fazemos isso, a nossa mente não funciona epistemologicamente. Se funcionássemos todo o tempo epistemologicamente, não aguentaríamos. Eu mesmo já teria me suicidado, porque não aguentava. Não dá para você passar 24 horas, quer dizer 24 horas não, porque você dorme, por dia se indagando sobre a substantividade, a razão de ser das coisas. A gente tem que cair na outra dimensão do comportamento da mente, que é essa da espontaneidade diante do mundo. Em que a gente também percebe as coisas, mas não indaga sobre a razão de ser delas. Hoje aqui, com vocês, eu não apenas estou falando sobre um tema, quer dizer, eu não estou querendo dar um testemunho de como eu trabalho, estou querendo sugerir uma metodologia de trabalho científico, diante de vocês. Que é a curiosidade da gente, que é olhar esse copo epistemologicamente, e olhar esse copo como quem quer beber água. É totalmente diferente, são diferentes olhares. Uma é profundamente utilitária, eu quero só saber se o copo está bem, se não está quebrado ou furado. Eu bebo a água, mas eu não me indago o que é o copo. Uma coisa é olhar para essa mesa desarmadamente, do ponto de vista epistemológico. E outra coisa é olhar essa mesa do ponto de vista da teoria do conhecimento. Muda completamente. Porque em um primeiro momento, olhando essa mesa, eu vejo um microfone, vejo uma caixa de água mineral, vejo quatro pessoas, cadeiras de rodas, minha bolsinha, um livro, eu isolo uma coisa da outra. Mas se eu olho isso em uma perspectiva de quem quer conhecer a mesa, não é mais cada uma das coisas em si que me interessa, mas é a relação entre elas, o que eu busco é uma relação entre elas. Há indiscutivelmente uma relação entre o copo, a água no copo, a garrafa com água, e ali eu começo.

O que eu quero dizer com isso tudo, é que a frase proposta deve ser tomada como um objeto de curiosidade. A frase é a educação brasileira: um sonho possível.

A primeira coisa, ao olhar esse tema, é tentar uma compreensão dela enquanto totalidade. E ao fazer isso, indiscutivelmente eu vou descobrir que não é por acaso que cada uma das palavras que tem em cima dessa significação, que muda o contexto, como não é por acaso que essas palavras estão reunidas com o sinal desses dois pontos. Então eu tenho, por exemplo, a educação brasileira em um primeiro corpo. E num segundo corpo, eu tenho se agora eu ponho dois pontos para entender, esses dois pontos são exigidos para que eu possa entender melhor a frase, eu tenho a educação brasileira vista, entendida ou compreendida, ou esses dois pontos me levam à compreensão. E uma das coisas que a gente não está sabendo é ensinar o menino ou a menina a ler. No Brasil, a gente não está muito preocupada agora com isso. E nas universidades tão pouco, e esse é um problema velho. Eu tenho encontrado gente na pós-graduação que não sabe ler nem escrever. E eu me pergunto: como vai escrever a tese? Não dá. Para ler, a gente tem que fazer essa experiência de se deixar olhar o texto que está posto diante da gente e jamais dicotomizar do contexto aquilo que se refere como texto. Essa é minha primeira coisa diante dessa frase, é entendê-la como um texto, que indiscutivelmente se refere a certo texto que está explícito no adjetivo como brasileira, que modifica exatamente a compreensão do substantivo. Os substantivos, que têm duas substantividades, os substantivos mesa, cadeira, do ponto de vista da lógica da linguagem, têm de um lado, uma coisa que a gente chama de compreensão e, de outro lado, a outra dimensão do substantivo é uma coisa que a gente chama extensão. Não há substantivo que não tenha isso. Eles jogam um papel importantíssimo no comando que a gente tem na chamada disciplina intelectual. O comando sobre a linguagem. E como é que a gente joga com a compreensão e a extensão desse substantivo? Elas são interligadas, estão dialeticamente misturadas.

A compreensão tem a ver precisamente com a significação fundamental do substantivo e a extensão dele tem a ver exatamente com o campo em que ele pode ser jogado. Os adjetivos são um tipo de palavra cuja tarefa fundamental é andar sempre atrás do substantivo para juntá-lo ao sujeito, ou cortar. Então os adjetivos, por isso, ora incidem sobre a compreensão, sobre o conjunto das qualidades do substantivo, ora incidem sobre o campo e a extensão entre os adjetivos e substantivos. Eu até diria, o tamanho maior ou menor da compreensão. Por isso é que os chamamos de adjetivos, a não ser que tenha havido qualquer confusão na nomenclatura, mas não importa que eles se chamem diferentemente desde que sejam adjetivos, isto é, que indiquem um atributo do substantivo. E é imutável isso.

A tarefa deles é de um lado juntar a compreensão enquanto conjunto de qualidade, esses são os adjetivos chamados qualificativos. Ou, de outro lado, juntando-se ao substantivo, restringir, delimitar a extensão. Uma coisa, por exemplo, é você dizer: "as casas". E a outra é dizer: "esta casa".

Quando você diz "as casas", você tem uma generalidade na extensão do substantivo. Quando você diz "esta", você restringe o substantivo que se refere a alguma determinada casa. Quando você diz "mulher" e junta com o qualificativo e diz "bonita", você tem uma certa coisa, quando você diz "mulher mortal", você tem outra coisa. No primeiro caso, você tem um adjetivo que modificou a compreensão da palavra do substantivo "mulher", juntando a ele uma qualidade que não faz parte necessariamente da compreensão do substantivo "mulher", o que vale dizer que nem toda mulher é bonita, mas há uma que é, há umas que são, até há muitas, eu até diria quase todas. Esse adjetivo, então, se chama qualificativo, mas qualificativo de uma qualidade que é restritiva, delimitativa do substantivo, e o outro adjetivo que no caso seria "mulher mortal", ele redunda, ele reinsiste em uma qualidade que já faz parte da natureza, da substantividade do sujeito.

Se agora a gente volta ao texto, a gente tem "educação brasileira". Este "brasileira", "educação brasileira", aparece aí e quer dizer que a gente quer falar de um certo fenômeno que tem a ver com gente brasileira e que poderia ser substituída por uma expressão adjetiva também, mas composta seria do Brasil, seria a educação do Brasil um sonho, mas aí se usou o adjetivo qualificativo restritivo, "brasileira". Então, a primeira coisa que a inteligência da frase me sugere é de que nós estaremos nos referindo à educação brasileira, não é a educação da Suíça, é a nossa educação.

Em segundo lugar, na tentativa de compreensão da frase, percebe-se que a gente se obriga a entender a substantividade do substantivo, modificado pelo adjetivo "brasileira", que é exatamente a educação do Brasil. Quer dizer, o meu problema aqui não é, se eu for rigoroso, não é apenas o de falar da educação brasileira, mas primeiro da educação como generalidade, em segundo lugar falar da educação brasileira. E em terceiro lugar e concomitantemente, isso tudo tem que estar junto, entende, isso tudo tem que estar dialeticamente interligado. Então, que coisa maravilhosa quando você se encontra com uma dificuldade, por exemplo, um período do livro, que você não pode entrar facilmente, você descobre que a porta está trancada e que você tem que arranjar uma chave para entrar nela. Que beleza que você passe quatro horas em uma frase só, mas de repente a porta se abre, e você descobre o que está por trás da porta, e é um mundo que por sua vez tem outras portas, mas ao abrir aquela você aprendeu inclusive um pouco a manejar a busca de abrir, não é nem só abrir, você aprendeu a procurar abrir. Por isso é que eu acho que ler é muito difícil, mas é prazeroso. E em um parêntese, eu diria, minhas amigas e meus amigos, por favor, usem os instrumentos que a gente pode dispor para achar as chaves.

Eu não entendo como é possível um estudante não usar o dicionário, e, sobretudo não consultar o dicionário, eu vou usar até o nome, o *Aurélio*, inclusive, eu tenho dez diferentes, mas basta um. Tem dicionário de sinônimos e antônimos, tem dicionário de regimes verbais, você está escrevendo e de repente não sabe como é que você põe a palavra, se vai haver crase, se não vai haver crase, exatamente aquele "azinho" que você está escrevendo e você não sabe se tem e você pega o dicionário de regime de verbos e encontra lá o verbo se ele é ou não é um verbo que exige a preposição "a". E se a palavra que está lá exige o artigo "a", então os dois se juntam e a crase vem. Não posso estudar, não posso ler nem escrever sem um dicionário de regime de substantivos e adjetivos. Eu não posso estudar, não posso escrever e não posso ler sem um bom ou mais dicionários de filosofia, e sociologia, ciências sociais, enciclopédias. Vocês me dirão, e isso é um argumento que respeito, e dizem: "Paulo, está tão caro tudo isso". Mas eu não estou dizendo para vocês que comprem esse treco, eu pude comprar no tempo que professor podia comprar essas coisas todas, hoje a gente também não pode mais, mas aí eu não preciso ir para a biblioteca porque tenho tudo isso, mas quem não tem busque na biblioteca, e se a universidade não tem, pois que exija que a universidade compre. O que não é possível é dizer "eu não entendi o Paulo Freire nesse texto", e a gente diz: "você consultou os dicionários, consultou o dicionário de filosofia para saber o que diabo significa 'gnosiologia'?". Pois é, se tivesse consultado é tão fácil, está lá, gnosiologia é isso. Então eu acho que é um pouco de preguiça da gente, preguiça mental. Pois olha, eu quero dizer a vocês que a minha bateria de dicionários está na prateleira imediatamente atrás da minha cadeira: eu estou aqui escrevendo ou lendo, e aqui atrás de mim estão os dicionários. Nem olho mais, eu já sei onde estão. Eu consulto o dicionário no mínimo dez vezes em uma manhã. Não um só, mas vários, e isso não significa que eu estou perdendo tempo de escrever, porque isso faz parte do tempo de escrever e tempo de ler, tempo de estudar; quer dizer o manuseio desse instrumental não é um acessório de perda de tempo, ele faz parte da natureza do processo de quem estuda e de quem lê, exatamente como comer.

Então, essa é uma sugestão que eu queria dar a vocês: nunca mais estudem sem o auxílio de um dicionário. Outra coisa, essa história, por exemplo, de encontrar a palavra difícil aqui e agora e dizer o seguinte: "não, daqui a dez páginas esse cara usa ela de novo e possivelmente em outra posição eu vou entender". Não, isso não funciona, a saída é naquela hora exata, pega o dicionário, começa a pesquisa. Começa pelo dicionário comum de língua que se está pesquisando, se não satisfeito, vai para o de filosofia, vai para a enciclopédia, mas leia na hora. E depois volte ao texto e aí entende o texto. Isso é que é estudar.

Bem, voltando agora à nossa conversa. O primeiro momento da frase que está aí, a educação brasileira, significa que vamos fazer uma reflexão sobre educação e, em seguida, sobretudo à educação em um país, no Brasil, e é uma coisa interessante como a gente expressa já a posição da gente, a linguagem. Veja, se a gente analisa o texto inteiro percebe o seguinte. Primeiro lugar, a gente tem que ter uma ideia geral da educação independentemente de ser Brasil, África, Ásia e etc., e, segundo, a gente tem que saber a que a gente está se referindo com esse "brasileira". Mas depois vem o segundo corpo, já que o corpo inteiro começa depois dos dois pontos, e aí a gente percebe que a equipe ou a pessoa que propôs, defende e aceita sua própria formulação e que, portanto, não é neutra; propõe e aceita como fundamental que esta educação que agora deve ser vista enquanto brasileira tem que ser utópica. Por isso, a pessoa ou a equipe que propôs não está obrigando a mim a querer tudo isso, mas está explicitando a sua opção, aquela da equipe que organizou, e deixa claro que não é possível entender o nosso momento atual do ponto de vista de uma pedagogia para esse momento. Isso, então, coloca a quem está como eu nesse momento, mas já posso começar a dizer para quem está como estamos aqui, curiosos para entender a intimidade, a interioridade da frase.

Isso coloca para nós a necessidade também de umas reflexões sobre o sonho, e sobre o sonho possível, porque o que está proposto não é um sonho qualquer, e vem de novo o adjetivo, o possível e está dizendo ao cara que vem falar: "olha, meu camarada, você vai tentar dizer à gente alguma coisa sobre a educação brasileira enquanto sonho, mas o sonho é impossível". E quando diz isso, está a dizer sobre algo que não precisou ser explicado, porque está metido no corpo e na alma de um texto, e é porque há sonhos impossíveis. Então, eu quero aqui tratar do sonho possível, porque para isso eu tenho que definir sonho, eu tenho que entender sonho, não é o sonho que interessou a Freud,[4] se bem que tem a ver também.

Bem, é assim que eu trabalho e então vocês vejam como aparentemente eu perco tempo. Porque alguém agora poderia dizer, alguém acostumado com a linha tradicional de quem está acostumado a ouvir, a escutar o discurso narrativo de alguém sobre o tema; alguém que talvez pudesse estar dizendo aí no meio de vocês: "puxa, mas a gente traz o Paulo de tão longe para ele passar 30 minutos, 40 minutos falando sobre substantivo, e porque não entrou no assunto diretamente, e diz o que é o sonho possível". Exatamente porque não é assim que a gente sabe, e como eu defendo a tese do direito de conhecer, e conhecer implica no exercício da curiosidade de conhecer que tu tens que experimentar e não eu; a minha tarefa aqui é provocar o auditório e não apaziguar o auditório. A minha tarefa é

[4] Sigmund Freud (1856-1939), médico psiquiatra, considerado o pai da psicanálise, escreveu entre outras obras *A interpretação dos sonhos*. São Paulo: Companhia das Letras.

deixar o auditório entregue a uma curiosidade que às vezes fica quase insuportável para cada um de nós: a curiosidade epistemológica que deixa a gente cansada. Mas o que eu quero aqui é cansar vocês e não dar paz, repouso. A gente fica com certo cansaço na cabeça, mais do que no corpo todo, porque a busca curiosa deixa-nos cansados. Entregar-se à curiosidade gnosiológica não é passatempo, é fantástico.

Bom, em primeiro lugar eu tentei compreender o discurso, o que está posto, o que está escondido nessa proposição.

Em segundo lugar, agora vamos tratar rapidamente da palavra, o substantivo "educação". As diferentes línguas e até línguas muito famosas, como o alemão que não tem a palavra "educação", mas tem o que significa "educação" obviamente, mas não tem a palavra "educação" como temos no português, como temos no espanhol, como temos no francês, no italiano, como temos em inglês. Mas muito mais do que a palavra do que o substantivo, o que interessa é o fenômeno, o fenômeno é a prática que recebeu esse nome. Assim, eu diria a vocês que "educação" é um fenômeno vital em primeiro lugar, é um fenômeno que agora passa a ser tal qual a gente o entende, tal qual a gente vive o fenômeno, pelo menos até agora, a um nível de conhecimento. A educação sendo vital é o que se dá na esfera humana.

O SONHO ACORDADO: A ESPERANÇA COMO UTOPIA EM REALIZAÇÃO[5]

O sonho é na história, no mundo, mudando o mundo, mudando a história, fazendo-nos ao fazer a história. Então, a minha tese é a seguinte: o sonho não é só um direito que eu tenho. O sonho faz parte da minha natureza humana. Eu até entenderia que o sonho também é um dos motores da história. O sonho, naturalmente, que implica em desenho do mundo que eu gostaria de viver e de ter. O sonho que implica o desenho de uma sociedade menos feia, menos perversa, menos malvada, menos injusta. Bem que eu gostaria de dizer que esse é um sonho que faz parte da minha natureza de gente. Eu simplesmente não posso existir sem o sonho. Ampliaria isso e diria: Marx disse uma das coisas fantásticas em um dos momentos mais brilhantes dele, falou uma coisa muito óbvia, mas muito bacana: "a diferença fundamental entre o homem — e eu diria entre a mulher, naquela época, não existia machismo — e a abelha, é que o operário, por mais incompetente que seja, ganha de longe da abelha". Mais ou menos isso. É lógico que ele não disse isso, ganha de longe da abelha que faz, porém, uma colmeia que está extraordinariamente bem-feita. Mas o operário faz o que a abelha faz e bem-feito. Porque o operário, e não a abelha, antes de fazer o produto, tem na mente a ideia, o conceito.[6] Quer dizer antes de fazer a produção, eu tenho a abstração,

---

[5] O sonho acordado é uma expressão de Ernst Bloch, na obra *O princípio esperança*, livro conhecido e lido por Freire. Daí o seu livro *Pedagogia da esperança: um reencontro com a pedagogia do oprimido*.

[6] O que Marx escreveu e Freire resumiu: "Uma aranha executa operações semelhan-

eu tenho consciência, mesmo, com o pouco conceito que tenho. Pois bem, o que eu quero dizer a vocês é que o sonho para mim é tão fundamental para a existência, como para o trabalhador é fundamental ter na cabeça o perfil do produto antes de produzi-do. É a mesma coisa para mim. Então, eu não acredito na morte dos sonhos, mas o sonho tem que ser primeiro possível, segundo o impossível. Hoje, uma das tarefas do educador e da educadora é brigar para torná-lo possível. Então, uma das brigas da gente é viabilizar a possibilidade do impossível e fazer com que tão rapidamente quanto possível a possibilidade de sonhar sonhos que leve a viabilizar concretamente. Por exemplo, o meu sonho fundamental, quântico, é o sonho por uma sociedade menos malvada. Tudo o que eu puder fazer, inclusive ter deixado de escrever, hoje, e vir para cá, precisa ter a ver com o sonho. Eu vim para cá porque precisava continuar a sonhar, precisava dizer a um bando de brasileiros e de brasileiras, que eu sonho e que brigo pelo sonho. Por causa dos sonhos, como tudo também, aqui é apenas um lugar para gente sonhar. Mas não me arrependo em nada que fiz durante o exílio, faria tudo de novo, mais radicalmente do que podia e foi, por isso que vim hoje. Eu creio que não tão claramente quanto eu gostaria, pois nem posso segurar o tempo. Até quanto eu pude, eu me esforcei para dar a vocês um exemplo de como eu trabalho, de como eu busco, procuro, de como eu trato a linguagem, de como eu entendo dialeticamente as relações entre as coisas e

---

tes às do tecelão, e a abelha supera mais de um operário ao construir sua colmeia. Mas o que distingue o pior operário da melhor abelha é que ele figura na mente sua construção antes de transformá-la em realidade. No fim do processo do trabalho aparece um resultado que já existia antes idealmente na imaginação do trabalhador. Ele não transforma apenas o material sobre o qual opera; ele imprime ao material o projeto que tinha conscientemente em mira, o qual constitui a lei determinante do seu modo de operar e ao qual tem de subordinar sua vontade. E essa subordinação não é um ato fortuito". Marx: *O Capital*, livro 1, p. 149.

os fatos. Em segundo, espero que eu tenha transmitido para vocês também, uma coisa que está ao lado do sonho e da briga pelo sonho possível, que é a esperança, que não tem nada que ver com a idade, maior ou menor das pessoas. Eu tenho esperança, mais, talvez, do que a esperança de uma moça de 20 anos, e tenho 70.

Tem uma pergunta de um ou de uma de vocês, que gostaria de saber como se tem pensado dentro do contexto do meu pensamento e de minha prática pedagógica, a questão que já foi tratada de manhã, da aquisição do conhecimento, da apropriação do conhecimento, a partir da teoria do Lev Vygotsky.[7] Você diz que tem lido alguma coisa do Dermeval Saviani[8] em relação à psicologia, aos psicologismos que imperavam no processo educativo, pois a psicologia via um indivíduo um ser só, isolado. De repente chegam vozes de uma psicologia que fala do indivíduo enquanto ser social — que é a psicologia vygotskyana e de outros soviéticos também. Então, como é que aparece na bibliografia do Movimento de Alfabetização de São Paulo — do MOVA — Vygotsky, Emilia Ferreiro?[9] Como

---

[7] Lev Semenovitch Vygotsky (1896-1934) cursou direito e medicina, além de estudar psicologia, história, filosofia, letras. Escreveu obras que se estendem da filosofia, psicologia, literatura, à deficiência mental. Para Vygotsky, todas as funções ditas psicológicas, têm uma base biológica. Isso porque são produtos das atividades cerebrais. Sua principal obra: *Pensamento e linguagem.* São Paulo: Martins Fontes. Observação: Ainda não foi traduzida para o português a edição russa, ou francesa, ou ainda italiana de *Pensamento e linguagem.* As traduções que temos como essa da Martins Fontes, não são do texto completo do livro de Vygotsky.

[8] Dermeval Saviani, professor colaborador da Unicamp, SP, é um dos mais respeitados intelectuais da área da filosofia e da história da educação no Brasil. Sua contribuição para o campo da educação é inestimável. Entre suas mais de vinte obras, destaca-se *Pedagogia histórico-crítica.* Campinas: Autores Associados. Seu referencial teórico está assentado, em especial, na Filosofia da práxis, de Antonio Gramsci.

[9] Emilia Beatriz Maria Ferreiro Schavi, psicóloga argentina, doutorou-se na Universidade de Genebra, Suíça, sob a orientação de Jean Piaget. Aplicou as bases da psicolinguística genética, de Piaget, ao ensino da leitura e escrita das crianças. Entre suas principais obras, destacam-se *Alfabetização em processo.* São Paulo: Ed. Cortez, e *Psicogênese da língua escrita,* com Ana Teberosky. Porto Alegre: Artes Médicas.

é que tem se visto a aquisição do conhecimento e a psicogênese da escrita nesse novo trabalho que eu desenvolvo?

Creio que era isso que você estava perguntando. Ora, agora, por exemplo, no tal texto que eu estou escrevendo; eu venho sem fazer referências, sem querer polemizar, assumindo uma posição dialógica e sem citar os nomes dos críticos e das críticas, das mulheres que me têm criticado ao longo, sobretudo, dos anos de 1970 e 1980. Bem, eu venho tomando alguns dos pontos criticados e mostrando a sua inconsistência. Evidentemente que eu mesmo exijo de mim — eu sou muito exigente, entende? Eu sou muito exigente com relação a mim — por isso, eu exijo também dos outros, sem ser chato, sem ser mórbido, mas eu não poderia exigir de mim algo que estivesse acima de mim, que estivesse acima das minhas possibilidades. Porque a certeza que eu tenho é de que eu não sou um homem medíocre. Quer dizer, eu vou dar uma tentativa de esclarecimento da mediocridade, de como eu vejo, entendeu? Eu acho que a pessoa medíocre é medíocre, coitada, precisamente porque não é capaz de se saber medíocre. Quer dizer, quando você se sabe medíocre, você já não é medíocre. Então, você escapa da mediocridade. É isso o que eu fiz. É isso o que eu sou. Quer dizer, eu sou um cara que poderia ter ficado medíocre, mas no momento em que assumiu criticamente a mediocridade e foi além dela, deixou de ser medíocre, e o medíocre não vai nunca além da sua própria mediocridade. Por isso medíocre pensa que sabe muito; é uma tristeza. Eu tenho uma pena enorme dos medíocres porque eles são piores do que os abaixo deles. No meu entender, em muita coisa Vygotsky superou Piaget[10] que viveu 84

[10] Jean Piaget (1896-1980), biólogo, psicólogo, epistemólogo suíço, estudou o desenvolvimento da inteligência na criança. O primeiro livro publicado por ele se intitula *A linguagem e o pensamento da criança*. São Paulo: Martins Fontes; Vygotsky escreveria mais tarde, *Pensamento e linguagem*.

anos, entende? Quer dizer, Vygotsky era então genial; eu também acho que Piaget era genial, indiscutivelmente, mas Vygotsky foi isso também. Era um gênio. Não era Deus, mas era um sujeito genial, que 33 anos viu coisas extraordinárias que continuam hoje absolutas. Eu pressenti coisas, eu intuí coisas — e pesquisas atuais comprovam — inclusive de Emilia Ferreiro. Muita coisa que Emilia diz hoje, eu disse quarenta anos atrás, só que, às vezes, as pessoas não veem. Por exemplo, toda a exigência óbvia que Emilia faz ao respeito à bagagem de saber que a criança tem quando ela traz a sua, linguisticamente falando, competência linguística, eu disse isso em 1940, 1950. Quer dizer, eu disse muita coisa sem fazer pesquisa, usando certa capacidade de intuir, que acho fundamental ao conhecimento, que é de adivinhar. Conhecer não é adivinhar, mas passa por adivinhar. Isso tudo eu acho que fiz, e entre outras coisas, eu estou absolutamente certo também. Inclusive provo isso no texto que estou escrevendo agora de que algumas das críticas que me fazem não têm fundamento nenhum. São críticas que resultam de uma má leitura de mim, ou de uma pura leitura de quem mal me leu e escreveu sobre mim. O que é uma falta de ética intelectual. Quer dizer, você não pode criticar ninguém só baseado no que leu sobre a pessoa. Não está certo. Se houvesse punição para falta de ética, um intelectual assim ia para a cadeia. Tem gente que nunca me leu; leu alguém que mal me leu e depois afirma categoricamente sobre minhas ideias.

Vocês querem ver — não vou citar nome —, mas, por exemplo: hoje há dois professores norte-americanos muito importantes que estão terminando um livro sobre as minhas ideias e que tem um capítulo — só um capítulo — sobre as referências bibliográficas de

Paulo Freire em inglês. Só em inglês. Não em alemão, não em português, não em italiano, não em francês, não em espanhol. E eles fizeram uma pesquisa com a ajuda da computação e encontraram 5 mil referências bibliográficas ao meu trabalho, só nos Estados Unidos. E encontraram mais de trezentas teses de doutoramento nos Estados Unidos sobre o meu pensamento e mais de quatrocentas de mestrado. Agora imaginem: eu tenho vinte títulos de doutor *honoris causa* — daqui a vinte dias eu recebo o vigésimo primeiro. Dá até para vender título. Eu estou dizendo isso — vejam bem, meus amigos e minhas amigas —, eu estou dizendo isso, primeiro porque eu acho que a falsa modéstia é tão má quanto à imodéstia. Então, eu digo, eu estou dizendo a verdade. É essa a verdade: quem quiser estudar, pesquisar para saber sobre mim, que vá, sobretudo, para fora do Brasil. Estou citando isso para agora te dizer que é impossível que um historiador, por exemplo, da educação, num livro dedique um período para dizer que eu não presto. Mas como é que pode, se eu agora acabo de ler uma tese de doutoramento que me chegou dos Estados Unidos que tem 350 páginas, e eu acabo de estudar essa danada dessa tese, e cheguei em certas coisas a me entender melhor com a análise que o cara faz, um sujeito seríssimo que estudou e me estudou. Eu fiquei espantado porque ele sabe coisa de mim que eu não sabia. O sujeito me tomou como objeto da curiosidade dele. E aí estudou tudo, um bando de coisas, de arquivos, de entrevistas, de cónversas de ônibus sobre mim, ele registrou, analisou e flertou sobre isso. Pois bem, um brasileiro, historiador da educação, que dedica, mas não é uma página, é um período assim a me criticar, a gente não pode levar a sério isso. Eu acho imoral.

Então, eu nunca, por exemplo, reduzi o processo de conhecimento a um ato individual. Um dos capítulos mais sérios dessa tese sobre a qual estou falando é exatamente a epistemologia de Paulo Freire. E há várias teses discutindo somente isso. Esse pesquisador ainda elaborou um capítulo, mas tenho teses lá em casa de professores estrangeiros que são na sua totalidade sobre a epistemologia em Paulo Freire. Duzentas páginas o cara vai e escreve, discutindo. Coisa de acadêmico sério.

Quer dizer, eu nunca disse que o conhecimento era individual, eu nunca psicologizei o conhecimento. E tem mais que eu vou te dizer, só não posso te dar a relação bibliográfica, mas o que há hoje nos Estados Unidos de estudos de vygotskyanos estudando Freire & Vygotsky é fantástico. E fora dos Estados Unidos, na Europa.

Recentemente eu recebi o título de doutor *honoris causa* da Universidade de Madri, exatamente em dezembro, e tive umas três horas de conversa com dois dos melhores vygotskyanos madrilenhos, quer dizer espanhóis, que escreveram livros sobre Vygotsky. Um deles é coordenador de uma obra extraordinária do Ministério de Educação da Espanha, já publicada, sobre o pensamento de Vygotsky, a vida dele, tudo. Saiu o primeiro volume e já está comigo. Pois bem, eu bati um papo de três horas com o coordenador daquela obra. E o que eles me disseram naquelas conversas é o seguinte: "Tu és o pensador atual sem ser linguista, nem psicólogo, que mais se aproxima de Vygotsky. É impossível te entender sem entender Vygotsky, e é impossível compreender bem Vygotsky sem passar por ti". Quer dizer, isso não é uma invenção de hoje e nem minha, e tu sabes mais, é uma coisa até gostosa de dizer: eu comecei a ler Vygotsky recentemente. Eu não conhecia Vygotsky. Tu sabes que Vygotsky aparece recentemente, porque toda a etapa mais stalinista abafou Vygotsky, precisamente porque Vygotsky nunca foi um marxista ortodoxo. Vygotsky sempre foi um homem que sem ser individualista bateu com o pé no chão pela liberdade do indivíduo. Isso é uma marca do próprio estudo dele, quer dizer, pela própria percepção do fenômeno da linguagem do pensamento. Quer dizer, há um ensaio publicado na Harvard Educational Review por duas vygotskyanas muito importantes norte-americanas cujo título é: *Vygotsky & Freire*.

Uma delas veio ao Brasil cinco ou seis anos atrás a convite da Universidade de São Paulo e me localizou e me visitou, e eu passei uma manhã conversando com ela. Até que num pormenor — isso faz exatamente sete anos —, é um pormenor, um parênteses que eu conto para vocês, que eu fiquei até com certa inveja da mulher pelo seguinte: porque eu tinha perdido Elza recentemente, e ela era a primeira visita que eu recebia de pessoa não chegada. E era um ato de violência no que eu estava fazendo a mim mesmo, mas também era um ato de amor, quer dizer, porque não, porque não me vencer para amar também e encontrar alguém que amava o mundo; e eu a recebi um dia, 9 horas da manhã, e o que me fez fantasticamente invejoso dela é que ela tinha perdido o marido fazia dois meses, mas ela estava sendo capaz não só de me visitar, mas de dar um curso na USP. Entende? Ela não era desamorosa do marido. Viviam bem, felizes etc., e eu dizia a mim mesmo: "essa mulher tem uma qualidade extraordinária de amar o mundo, de amar os outros mais do que eu". Porque quando já fazia meses que eu tinha perdido Elza e eu — não há porquê negar a vocês — só fazia beber. Eu só não virei beberrão, sem nenhum desrespeito aos que bebem, por duas razões: uma porque eu tenho uma vontade doida, eu sou determinado, eu mando em mim. Eu tenho uma capacidade de decidir rara: eu decido e faço e cumpro. E a segunda foi Nita.[11] Foi minha mulher atual que me conquistou, você vê que um grande amor perdido se cura com outro e não com a nostalgia. E hoje, eu estou certo de que só fui capaz de amar de novo porque amei muito. Se eu tivesse amado pouco eu podia estar bem hoje, eu podia ser um bom farrista e nada mais. Eu amo enormemente minha mulher atual. Não tem como comparar. A minha mulher atual não substitui a primeira, nem prolonga a primeira. É outra história. Outro amor. É outro pedaço de vida. É evidente que nem é possível a mim, nem é possível a ela, porque ela também estava viúva, esquecer e até comparar de vez em quando; porém a comparação não é valorativa. Mas isso é outro pormenor. Eu acho que tem sentido porque tem a ver com a vida.

Estou vendo que tu te interessas por Vygotsky. E faz muito bem, Vygotsky é uma coisa rara. Tem que conviver com o Vygotsky, e se eu achar um jeito, eu te mando depois uma boa xerox desse ensaio sobre mim e Vygotsky. O que está havendo hoje de estudos, como por exemplo, sobre a relação entre pensamento e linguagem que está nas minhas obras, eu diria que está nele e está em mim. Não em mim primeiro; nele, porque até antes de mim foi ele. E segundo que eu não me comparo a Vygotsky de jeito nenhum. Eu tenho os meus limites. Eu conheço os meus limites. Mas eu estou dizendo isso aqui para mostrar a incompetência de certos críticos que dizem que eu sou, por exemplo, escolanovista. Em primeiro lugar, eu diria que tinha direito de ser escolanovista. Eu me bato por uma sociedade em que você tem o direito de ser reacionário, em que você tem o direito de ser revolucionário. Eu me bato por uma sociedade em que você

---

[11] Ana Maria Araújo Freire, viúva de Paulo Freire, difusora do seu pensamento crítico e humano e da sua luta e favor de uma educação libertadora.

maneje a sua liberdade sem ferir a dos outros. Mas acontece que eu não sou escolanovista. Segundo, outra coisa: é uma vergonha intelectual que a gente reduza o movimento que começou há mais de duzentos anos e que não acabou ainda, a uma página de livro. Minhas amigas e meus amigos acadêmicos, não façam isso nunca. Se vocês quiserem criticar muito bem um pensamento qualquer, estudem esse pensamento profundamente e não escrevam porcarias. Não é possível pegar um homem como Anísio Teixeira, no Brasil, e dizer "não presta" porque era escolanovista. Estude Anísio. O que é danado é você encontrar os chamados progressistas defendendo teses que estão em Anísio há trinta anos; teses que há quarenta, cinquenta anos, são defendidas por Anísio. Não é possível pegar um Manifesto dos Educadores Modernos da Escola Nova do Brasil, dos anos 1930, e simplesmente reduzir esse Manifesto a uma obra burguesa. Não pode. Não estou dizendo que era uma obra popular, em defesa das classes populares, mas também não é possível dizer que só era uma defesa da classe dominante. Não é possível pegar um movimento que tem um espectro tão amplo como o movimento das Escolas Novas, desde um educador — desde Montessori[12] e Ferrer[13] —, o grande anarquista espanhol, que em 1909 foi condenado e fuzilado pelo governo da Espanha porque propunha o que

[12] Maria Tecla Artemisia Montessori (1870-1952), médica italiana, que se dedicou à educação das crianças utilizando o método do aprender fazendo, do jogo, tendo o professor como guia. As Casas dei Bambini, escolas montessorianas, foram fechadas na Itália e na Alemanha com o advento do nazismo e o fascismo. Indicada ao prêmio Nobel da Paz em 1949. Destaque para as obras: *A Descoberta Da Criança:* Pedagogia científica. São Paulo: Martins Fontes, 2017; *Educação para um novo mundo*. São Paulo: Comenius, 2014.

[13] Francisco Ferrer y Guardia (1859-1909), pedagogo anarquista espanhol, fundador da Escola Moderna de Barcelona, laica, sem a interferência do Estado, libertária, racional e coeducativa. Fuzilado nas masmorras da fortaleza de Montjuïc, em Barcelona, sob a falsa acusação de mentor intelectual de revoltas. Obra: *La escuela moderna*. Barcelona: Ed. Solidaridad, 1912.

ele chamava de escola nova, de pedagogia radical, nova, moderna — ele chamava de escola moderna. Esse homem exerceu uma influência no Brasil por três escolas no começo do século passado, depois dos anos 1910, em São Paulo e uma no Recife. Não sei em outras capitais, influenciadas diretamente pelo Ferrer. Há um livro extraordinário de um professor, um grande historiador norte-americano chamado Paul — perdão, agora a minha memória falha — sobre a influência do Ferrer nos Estados Unidos e o livro dele trata da escola de Nova Iorque que se chamava de Modern School in New York.[14] É um livro fantástico de um dos maiores historiadores norte-americanos. Houve um tempo que eu passava o mês de fevereiro na Universidade de Massachusetts, em Amherst, e a Universidade chamava *Freire Mês* em português, Freire's Month em inglês, e eu passava um mês dando seminários e visitando cursos e diferentes professores. E num certo mês de certo ano desses, eu comprei o livro do Paul e li todo ele. Eu usava as minhas noites lendo. Há outra diferença interessantíssima, perdoem-me por essas coisas privadas, entre Elza, minha primeira mulher, e Nita. Elza adorava a casa e muito pouco a rua. Nita ama as duas coisas. Nesse sentido é mais completa que Elza. Então, eu sou muito solidário, a minha experiência solidária com minha mulher é muito grande. Eu sou solidário. Com a Elza eu ficava em casa também. Com a Nita eu vou para a rua. Foi Nita quem me levou pela primeira vez para um balé. Você já imaginou balé? Eu via balé em cinema e lia sobre balé, mas ela me levou em Nova Iorque ao balé. Então, em Nova Iorque a gente vai a balé, vai a show, vai a bares; puxa, eu virei um homem da noite

[14] Freire se refere ao livro de Paul Avrich: *The Modern School Movement: anarchism and education in the United States*. Princeton: Princeton University Press, 1980.

com a Nita. Nesse tempo eu vivia em casa, então eu estudava as coisas e li o livro do Paul todinho. Fiquei maluco pela beleza do livro e consegui o telefone dele em Nova Iorque e chamei. Ele atendeu e perguntou quem estava falando, eu disse: "Não adianta te dizer quem é, porque tu não sabes mesmo; sou um educador brasileiro, um pensador brasileiro que acaba de ler o teu livro e eu fiquei tão entusiasmado com o livro, sabe, o estilo com que escreves, a língua, a beleza, a boniteza do teu estilo e a rigorosidade do historiador, que eu não pude deixar de descobrir o teu telefone e desculpe que eu entre na casa assim, sem pedir licença, para te felicitar". E ele agradeceu e disse: "Mas eu estou curioso de saber quem é". Eu disse: "Olha, eu sou Paulo Freire" e ele disse: "Mas como eu não iria te conhecer, estudei não sei quantas vezes a *Pedagogia do Oprimido* para [...]"... Aí ficamos batendo o maior papo do mundo. Obviamente seria muito pretensioso de minha parte, dizer: "Olha, quem está falando é Paulo Freire". Não dá para dizer isso, porque você não é obrigado a me conhecer; mas esse cara é uma maravilha e eu acho que cedo ou tarde tu deverias ler esse livro.

Eu não te dou o livro porque não posso dar, mas é possível a gente discutir depois. Se você quiser, pode xerocar. É um bom guia para você ler. Minha filha Madalena é uma vygotskyana que eu vi crescer, no meio dessa falta de ética intelectual, mas ela não se deixou levar pela onda da falta de ética. Você não pode aceitar que, um autor tem doze livros publicados, você lê um, e critica a obra inteira do autor. Não está certo. Você pode dizer: "esta é uma crítica dedicada ao livro A, deste autor e não à obra do autor". Como você pode criticar a obra inteira de um sujeito, se você só leu um livro? Tem gente que nem um livro lê, lê o que o outro leu. A universidade está cheia disso. Eu quero pedir a vocês, moços e moças, não entrem nesse time, e protestem contra suas professoras e seus professores que façam esse tipo de procedimento, isso é deformador, é sem-vergonhice, isso é tão safado quanto ganhar 30 mil dólares para facilitar um trabalho. Então, para voltar ao tema: a minha perspectiva sempre foi a de que o conhecimento não é sequer um ato, é um processo. De vez em quando eu faço uma concessão à palavra "ato" e uso, mas rigorosamente é processo, processo social. A produção do conhecimento é social. Acontece porque ela tem uma dimensão individual na gestação do conhecimento que os mecanicistas, marxistas, negaram considerando que era desvio individualista, pequeno burguês. Na verdade, não é e hoje estão todos arrependidos.

Uma das minhas alegrias é que eu não estou arrependido de nada do que disse. Estou dizendo isso com certa malvadez, nesse texto que estou escrevendo. Eu não tenho do que me arrepender das coisas que fiz e disse, apesar da Perestroika que, para mim, não acabou com as classes sociais. E muitos que viviam cobrando de mim, que eu não dizia que o conflito social e a luta de classes eram o motor da História, hoje possivelmente dizem que não há classe social. Eu, pelo contrário, nunca disse que a luta de classes era o motor, mas um dos motores. Continuo dizendo hoje. Outro aspecto que eu quero dizer, porque é fundamental para todos nós aqui, é que conhecer não é transferir conhecimento. Aí vem outra questão interessantíssima, que é a chamada falsa denúncia de mim, com relação aos problemas de conteúdos. De que eu seria um educador não conteudista. E a minha resposta a isso é de uma obviedade enorme. É a seguinte: como eu poderia dizer isso, se para mim a educação é, entre outras coisas, um processo de conhecer? Ensinar e aprender são momentos decisivos do processo global de conhecer. No processo de conhecer, você não pode prescindir nem de ensinar, nem de aprender. Se toda situação educativa implica uma situação gnosiológica, em outras palavras, em que sujeitos conhecem ou procuram conhecer um certo objeto, e esse objeto é o conteúdo, não é possível falar sobre uma pedagogia sem conteúdos, e por isso não é possível falar de uma pedagogia de conteúdos. Não tem sentido.

Quando eu falei da pedagogia do oprimido, é porque há uma que é a do opressor. O que não é possível é falar de uma pedagogia de conteúdos porque não há aquela sem conteúdos. Toda pedagogia é uma reflexão crítica sobre a prática educativa que não existe sem conteúdos. Eu não poderia jamais ter declarado que a educação prescinde de conteúdos, se eu sei, desde muito tempo, que a educação implica a existência de sujeitos que conhecem: um ensinando e o outro aprendendo, mas ambos ensinando e aprendendo, e a mediação de um objeto que é o conteúdo. Não tem sentido, mas isso foi muito dito. Agora estão dizendo menos, porque a coisa está ficando ridícula. Para terminar a sua indagação que eu achei ótima, eu me ponho nisso exatamente na perspectiva vygotskyana, também na perspectiva em grande parte piagetiana, e por que não dizer na minha perspectiva? E assim eu vou um pouco mais além. Eu acho que a prática educativa, enquanto processo de conhecimento, e queria te pedir para acompanhar bem essa reflexão agora, ultrapassa o processo de conhecer o conteúdo. Porque ela, indo ou devendo ir mais além da apreensão, como parte do educando, e aí vem a dimensão mais política da pedagogia, ela pretende provocar através da figura crítica do educador, os educandos com relação à razão de ser, não apenas do conteúdo, mas dos fatos e problemas políticos, sociais e econômicos em que o conteúdo se encontra. Isso significa cair na linha do que eu chamava e depois deixei de usar a palavra, conscientização. Por exemplo, eu sou professor de biologia. Então para mim o fenômeno vital não pode ser entendido desgarrado do contexto político, social, ideológico, cultural, histórico. Se eu sou professor de biologia, o objeto biológico não se esgota na biologia. O que eu proponho é ir mais além do objeto em si.

Eu acho o professor Dermeval Saviani um dos sérios pensadores da educação no Brasil, indiscutivelmente. Mas não me satisfaz. Eu não entendo, por exemplo, como Saviani concilia Antonio Gramsci[15] com a recusa tão grande nele do saber comum, que ele rechaça como inorgânico, não articulado, uma série de coisas que é mesmo, mas eu acho que você tem que passar por ele para passar pelo bom senso e chegar à rigorosidade científica. Em última análise, sua pergunta era uma pergunta que implicava uma resposta ampla, e eu queria falar dessas coisas. O que eu queria deixar era uma afirmação de que se eu reconheço o social na produção do conhecimento, jamais nego a dimensão individual. Isso eu acho que é uma das exigências do pensamento que eu chamaria hoje pós-moderno, e não mais moderno. O pensamento moderno em que se situa, também o marxismo, é um pensamento que tende a ser superado por uma pós-modernidade que ambiguamente participa, ou às vezes coincide, com a modernidade e a tradicionalidade.

[15] Antonio Gramsci (1891-1937), jornalista, crítico literário, filósofo, sociólogo, político marxista italiano. Foi cofundador do Partido Comunista Italiano e deputado pelo mesmo partido. Conhecido como pensador da hegemonia, teve como referencial teórico a filosofia da práxis. Sua principal obra, *Cadernos do cárcere* (Rio de Janeiro: Civilização Brasileira, 1999), inacabada, assistemática, que ele escrevia para ser *für eweg*, foi traduzida para o português por Carlos Nelson Coutinho e sua equipe.

Mas eu acho que na pós-modernidade é impossível você romper com a tensão dialética entre o individual e o social. Jamais o individual só, jamais o social só, mas sempre a relação entre os dois. É aí que se produz o conhecimento.

Eu não posso negar que o conhecimento que eu transformo em discurso, na minha biblioteca, quando escrevo, tem uma fundamentação social histórica, mas não posso negar a presença de Paulo Freire. Deste indivíduo que é sozinho no mundo, não tem outro igual. Naquele momento em que me servindo, e sendo tocado pelo condicionamento histórico a que eu estou submetido, refaço um saber. Desconhecer isso é falhar histórica e dialeticamente sobre tudo. Eu penso que te satisfiz, desculpe a demora.

Eu estava dizendo hoje na hora do almoço que eu estou muito feliz, apesar de não estar escrevendo. Eu acho que ficará algo desse nosso dia, não só em vocês, mas em mim também, que é a eficácia que a gente deve buscar. Vocês já imaginaram, por exemplo, se esse grupo que está aqui, trabalhasse comigo cinco dias? No primeiro dia, é isso que está havendo. No segundo e no terceiro, um grupo dividido em pequenos grupos, lendo com assistentes e não comigo. Enquanto isso eu ficava escrevendo, aqui mesmo, sem voltar para São Paulo. Mas lendo pequenos textos referidos às conversas amplas comigo. E os dois últimos dias voltar e discutir comigo sobre as leituras e o que vocês ouviram de mim. Isto é, discutir comigo e com os assistentes o que eu disse, e o que foi lido nos textos. Isso significa que, em cinco dias, a gente podia possivelmente ganhar uma eficácia. A partir daí, se desdobraria a possibilidade de leituras e a eficácia seria indiscutível. Mas temos que ser realistas e fazer o máximo que pudermos, com o mínimo de que dispomos.

Tenho aqui uma pergunta da Escola Internacional de Curitiba, são três professoras que estão interessadas em saber sobre a minha influência no método que é adotado pela escola.

É um grupo que faz filosofia com crianças. Eu conheço. Eu esqueci o nome do filósofo, que deve estar até indo agora à Bélgica.[16] Ele me visitou um dia em São Paulo. Eu não sei em pormenores, mas no fundo é uma proposta de exercitar as crianças, ou possibilitar às crianças que exercitem uma compreensão cada vez mais crítica, sem amadurecê-las antes do tempo. Sem fazê-las adultos, o que é uma coisa tristíssima você botar colarinho duro e gravatinha de laço e paletó nas crianças, e pô-las empertigadas diante do mundo. Mantê-las crianças, mas fazendo o possível para que elas exercitem uma compreensão mais crítica da sua própria curiosidade. O objetivo central é esse, o que pode variar são os caminhos para fazer isso. Evidentemente eu concordo com isso. Você pode tanto cometer erros fazendo isso, como pode cometer erros não fazendo. A questão da gente se equivocar, ser pouco eficaz, isso existe em qualquer que seja a perspectiva de trabalho onde a gente entra. Se você me pergunta: "Paulo, você o influenciou?" Eu acho que não. O que para mim não seria uma desonra, pelo contrário, seria uma honra. Isso não é questão de falsa modéstia, é uma questão de rigorosidade histórica. A impressão que eu tenho é que o filósofo norte-americano que pensou isso, possivelmente, depois ele me leu. Depois me estudou como eu o estudei. Vindo ao Brasil, ele veio à minha casa e tivemos uma ótima conversa. Mas eu acho que em nome da justiça histórica, eu não poderia e nem deveria assumir ante vocês mais

---

[16] Possivelmente, Freire se refere a Matthew Lipman. Escreveu *A filosofia vai à escola*. São Paulo: Ed. Summus, 1990, entre outras obras.

um mérito e dizer que eu o influenciei. São essas coisas que acontecem e isso dentro da ciência se dá muito, de simultaneamente dois ou três pesquisadores pesquisarem a mesma coisa em lugares os mais distantes possíveis, sem saber um do outro. Até que um dia um deles recebe o prêmio Nobel e o outro não. Isso tem acontecido muito na História. Então não acho que eu o tenha influenciado, mas acho que temos semelhanças.

Alguém da plateia me perguntou se estou fazendo uma retomada da *Pedagogia do Oprimido* e em que consiste esta retomada. Bem, esse livro, a *Pedagogia do Oprimido*, foi escrito no Chile, durante o meu tempo de exílio, entre 1967 e começo de 1968. Foi publicado pela primeira vez em setembro de 1970 nos Estados Unidos. A primeira edição, o que é uma pena ter sido escrito em português e que ele tenha sido publicado pela primeira vez em inglês. Em seguida à edição norte-americana o livro foi um best-seller, e saiu em espanhol, francês, italiano, alemão; só depois que ele foi publicado, eu tenho a impressão, em mais duas línguas, em dinamarquês e em sueco, então ele saiu no Brasil. Porque era proibido, até o meu nome, quanto mais os meus textos. Era proibido nos jornais. Outro aspecto. Do tempo que ele saiu, em 1970, até hoje, esse livro foi traduzido para 22 línguas. Com essas traduções, ele cobre hoje o mundo. Não há parte nenhuma do mundo aonde ele não tenha chegado, exatamente pela possibilidade de você multiplicar a área geográfica por meio da linguística. Por exemplo, através da edição de Penguin Books, da Inglaterra, esse livro alcançou toda a Austrália, a Nova Zelândia e o Pacífico Sul. Eu me lembro que eu tive debates na Austrália, na Nova Zelândia e depois no Pacífico, eu tinha a impressão de que eu era conhecido nas ruas, uma intimidade enorme. O livro era um livro obrigatoriamente lido, no sentido militar, nos cursos de educação, ciências sociais, ciências políticas, teologia etc.

Depois de 22 anos, de 1970 para 1992, e se você conta o tempo em que ele acabou de ser escrito, que foi 1968, depois de 26 anos, e o livro continua sendo traduzido para novas línguas. Agora, por exemplo, ele está sendo traduzido para a língua servo-croata. Continua sendo editado e publicado, constantemente com novas impressões. Isso depois de tudo que aconteceu no mundo, de toda essa mudança que a gente tem sofrido: a queda do muro de Berlim, a Perestroika, o esfacelamento do chamado socialismo realista, para usar uma expressão bem americana, eu achei que era tempo de revisitar o texto. E ao revisitar e tomar alguns aspectos do texto, algumas críticas feitas durante os anos 1970 e 1980, e discutir, eu me achei no dever de me posicionar diante dele 26 anos depois de tê-lo escrito, e dizer: eu aceito esse livro ou eu o recuso? E se eu o recuso, eu preciso explicar o porquê, porque há uma população imensa no mundo todo que continua lendo o livro. É uma coisa tão bonita, porque às vezes eu recebo cartas de uma moça ou de um rapaz, que agora está chegando aos 22 anos, por exemplo, que não tinha nascido quando o livro apareceu. E que me escreve com o impacto da primeira leitura e diz: "Paulo, você não imagina como esse livro me tocou. Como eu fui capaz de me entender lendo esse livro, é por isso que eu estou lhe escrevendo". Claro que eu não estou transcrevendo essas cartas no texto que eu estou escrevendo. Mas isso tudo me fez pensar em uma releitura da *Pedagogia do Oprimido*. Discutindo essa ideia com alguns dos editores do livro, e com amigos meus e *scholars* norte-americanos, eles acharam excelente a ideia. O editor americano vive me telefonando. Ele já me mandou um contrato em janeiro, e me telefonou três vezes perguntando quando é que eu mando o texto para ele traduzir, porque ele quer fazer agora uma nova edição, um estardalhaço em Nova Iorque, quer que eu vá e que eu assine o contrato, porque ele quer pagar uma parte adiantada. E eu disse: "Não, eu não quero esse negócio de dinheiro comigo agora. Se o dinheiro chega aqui eu não trabalho. Eu não quero escrever sob pressão de ninguém, nem de dinheiro adiantado. Quando eu terminar, mando uma cópia para você, e uma para o tradutor".

Bem, o que está acontecendo é o seguinte: na medida em que eu comecei a repensar o livro, eu redescobri que afinal, você não explica um livro que você faz, um poema que você escreve, uma escultura que você cria ou uma canção que você canta. Você não explica nada através disso só. O que eu quero dizer é que essas coisas emanam, surgem, e emergem dentro de tramas. De tramas históricas em que você se sente abraçado por elas. Eu dedico várias páginas a análises de tramas. Eu dedico várias páginas desse texto, hoje, à minha infância, por exemplo. Esse momento, eu digo para o provável leitor e você dirá a mim agora: "Paulo, o que quero eu saber de sua meninice com relação à *Pedagogia do Oprimido?*". Pois quero dizer que tem de ver. Esse momento da minha meninice me ensinou uma coisa que explodiu trinta, quarenta anos depois, na *Pedagogia do Oprimido*. No fundo, eu tenho um grande interesse pelas tramas existenciais, entende? Que não negam, pelo contrário, afirmam a história e as contradições dentro da história. É por isso que eu estou reescrevendo o livro e estou retomando uma série de aspectos dele para confirmar, inclusive. Há toda uma análise, não demasiado longa, sobre a questão das classes sociais. Eu me lembro que uma das críticas que fizeram nos anos 1970 é que eu não citava classes sociais — imaginem vocês como não nos leem — e que usava, no lugar de classe, um conceito muito vago, que era o oprimido. E eu lembro que quando li a primeira dessas críticas, corri para a biblioteca, em Genebra, e fui reler o livro e contar as vezes em que eu falava de classes sociais. Eu falei 22 vezes de classes sociais.

Eu toco nessas coisas e tem uma parte em que eu, a priori, jogo o que tu vais gostar. Eu escrevo com muita síntese. Eu tenho a impressão de que tem gente que teria de escrever dez páginas para escrever o que eu digo em uma. Mas há umas duas ou três páginas em que eu defino o que é ensinar e aprender, o que, para mim, é muito vygotskyano, e de forma muito concreta. É quase visível. Quer dizer, eu estou conseguindo também, na linguagem, uns momentos que eu persigo, de ordem estética, que me deixam contente. Há também um subcapítulo sobre linguagem estética, em que eu falo que essa história de dizer que cientista deve escrever feio é mentira e é incompetência do cientista. Todo mundo deve escrever bonito e quem não escreve é porque não pode. Trate de escrever e deixe de criticar quem escreve bonito. Eu cito uma página inteira de Gilberto Freyre e que é uma coisa linda. Eu digo: "se Gilberto Freyre tivesse acreditado nisso, nós, hoje, não teríamos essa página" e aí transcrevo uma página de Nordeste, que é uma coisa linda. É quando ele diz: "esse Nordeste de figuras, de homens e de bichos se alongando em figuras de El Greco". Você vê que frase: "desse Nordeste em que nas noites de lua escorre um óleo gorduroso das pessoas e das coisas". E você diz: "por que é que isso não é ciência? Por que é bonito?". O que é que esse povo tinha na cabeça quando antagonizava a boniteza da ciência? Não tem sentido. São capítulos assim sobre o que eu estou escrevendo e que eu acho que esclarecem muitos pontos e sem entrar em uma briga polêmica, que eu não gosto. Eu tenho muito respeito pelos outros. Não faço nem ironia, nem polêmica. Eu tento dialogar até com quem me espinafrou sem citar, exatamente para evitar. Mas tanto quanto eu me lembro, às vezes eu não disponho mais da crítica, para transcrever. Mas tanto quanto eu me lembro, me refiro à crítica e discuto.

EDUCAÇÃO BRASILEIRA: FAZENDO A ESCOLA

Tem uma pessoa na plateia que quer saber como eu vejo a "educação interdisciplinar fazendo a escola e conhecendo a vida". Sobre esse tema farei um comentário relembrando um fato ocorrido. Eu estive na Alemanha, na véspera da reintegração das duas Alemanhas. Eu fui com Nita a um congresso de professores alemães que estavam interessados em discutir problemas das relações do norte do mundo com o sul. Quer dizer: dos poderosos com os fracos. E eu fui levado para participar dessa discussão. E a tônica desse congresso de educadores alemães era a preocupação com a interdisciplinaridade. Eu disse isso para mostrar a vocês que esse é um tema que me interessou há muito tempo, e que se explicitou durante o período em que eu fui secretário de educação do município de São Paulo, e que hoje é uma marca com a professora Ana Maria Saul, a quem eu entreguei o comando da mudança da cara da escola na Prefeitura. Ela é uma das cinco melhores teóricas da Teoria do Currículo no Brasil e vem implantando isso. Começamos com dez escolas e nada fizemos obrigados. Nada. Tudo era chamamento democrático. Começamos com dez escolas sendo observadas pelas demais. E das 375 escolas da rede — e nós temos mais trezentas e tantas de pré-escola. Hoje tive a informação que estão com orientação democrática. Não dual, mas dialógica, e há duas semanas nós estamos com quase a totalidade das escolas fazendo a prática interdisciplinar.

Fazendo a escola, conhecendo a vida, uma riqueza de pormenores. Aquele foi um caso testemunhal que eu quis dar. Talvez eu pudesse dizer a vocês que a interdisciplinaridade se impõe a nós antes mesmo da ciência. Vamos tentar explicar isso melhor: em primeiro lugar é preciso que nós relembremos — eu não digo sequer que nós saibamos porque é um saber que, como todo saber, está em devir. Quer dizer, em processo. O que vale dizer que o saber novo, de hoje, nasce de um saber que, tendo sido novo ontem, virou velho hoje, ao nascer o novo, do velho, porque nenhum novo nasce do novo. Mao Tsé-Tung[17] chamava a atenção nisso também: "Nenhum novo nasce dele mesmo. Todo novo nasce de um novo que envelheceu". Mas todo novo, ao nascer, de e por causa de algo que envelheceu, traz no seu corpo o testamento de sua superação. O que eu quero dizer é que quando o saber nasce, espera humildemente ser superado. Os cientistas é que, às vezes, não são humildes, mas o saber é mais humilde e sabe que será superado um dia. A história da ciência deve ter um capítulo que seria esse: a sucessividade dos saberes em função do desenvolvimento ou das potencialidades em ato dos seres humanos com relação à curiosidade que se aguça e a pesquisa que ensina a descobrir. É por isso que, sendo histórico, o saber tem historicidade. O saber tem ontem, hoje e amanhã. Outro aspecto relacionado, para cercar o problema da interdisciplinaridade: antes mesmo desse saber constituindo-se consciência, portanto, superando isso que chamamos de saber e de experiência

[17] Mao Tsé-Tung (1893-1976), do partido comunista chinês, foi chefe do governo de 1949 a 1976. Liderou a reforma agrária, feita em terras dos grandes proprietários; realizou o que chamou de Grande Salto para Frente, com o objetivo de reorganizar a economia, assim como a Revolução Cultural. Escreveu, entre outras obras, *Sobre a contradição*. São Paulo: Zahar, 2014; e *Sobre a prática*. São Paulo: Zahar, 2014.

feita, com Camões, no verso de Camões, e que não é outra coisa senão o saber montado no senso comum. Esse saber que os gregos chamavam de *doxa*, que é a pura opinião, o "eu penso que é" e ao qual falta uma rigorosidade no processo de aproximação do objeto, porque tem muita gente que pensa que a rigorosidade é o resultado de um processo de conhecer. Pelo contrário: a rigorosidade está na metodologia de como você se aproxima do objeto para conhecê-lo. O que o resultado te dá é a maior ou menor exatidão do teu saber e não a rigorosidade. É evidente que quanto mais exato é o resultado do teu saber, tanto mais rigoroso tu foste para produzi-lo. Uma coisa tem a ver com a outra.

Mas o que eu acho que é importante para nós relembrarmos e sublinharmos, é que antes mesmo do saber popular, o saber de senso comum — eu até poderia dizer: "antes que a astrologia virasse a astronomia" —, nessa história você tem exatamente os dois pontos. Antes que o saber, resultado de uma menor rigorosidade na aproximação do objeto que se sabe e que me dá uma relativa exatidão apenas, tivesse virado a rigorosidade com que nós tratamos hoje, cientificamente já se percebia que a realidade na qual, com a qual e à qual nós procuramos conhecer é, em sua totalidade, interdisciplinar. Eu não sei se a coisa está ficando clara. Nós é que, por uma necessidade que resulta da limitação de nossa capacidade de apreensão do mundo, precisamos didaticamente separar. Tem um diabo de um verbo que eu acho fantástico do ponto de vista epistemológico para usar, mas me escapou agora, mas que no fundo significa dividir. Nós precisamos, dizia eu, do ponto de vista ou por causa de nossa impossibilidade, apreender a totalidade na totalidade. Nós tivemos, historicamente e ontologicamente, uma necessidade da natureza do ser, tivemos a necessidade de criar a possibilidade de dividir a totalidade em partes. Agora chegou o verbo que eu estava procurando: cindir. Cindir a totalidade. O verbo cindir evita qualquer perigo de guetização do cindido. Eu sou muito metafórico. Tem alguns estudos feitos sobre a linguagem em Paulo Freire, a metáfora em Paulo Freire. Quando dizemos "dicotomizar", corremos o risco imediatamente de fazer a separação antidialética entre uma coisa e outra, enquanto cindir, não. Cindir significa exatamente partir sem perder a visão do total.

Por isso é que o caminho normal que o ser humano tem de conhecer é o da análise e síntese, sem separar uma da outra. Na análise você cinde e na síntese você retotaliza o objeto cindido ou a totalidade cindida. A realidade, contudo, se apresenta a nós como essa totalidade misteriosa que não podendo ser apreendida nela mesma, sofre por nós a cisão que ela talvez não merecesse. A cisão foi trabalhada por nós às vezes erradamente: em lugar de especialidades que são fundamentais para compreender as partes da totalidade, a cisão exacerbada terminou por criar os especialismos. No especialismo você termina não sabendo nada. Veja bem, não é a especialidade. Vamos admitir o médico especialista em coração. O especialismo do mundo atual chegou a tal ponto que deve haver médico que só conhece a válvula mitral. Se você fala em outra coisa, o médico diz que não dá, que tem de procurar o outro doutor que conhece a outra coisa. Isso é um absurdo. É o tal negócio: lembro de um artigo muito sério de um grande humorista brasileiro. Ele é muito famoso, de Minas Gerais. Era muito sério o artigo dele, porque a mãe dele sofreu uma consequência, não sei se chegou até a morrer, com relação a um oculista que só entendia de olho e ele fez um artigo crítico disso. Como é que um oculista só entende de olho? Ele faz uma operação e a pessoa morre do coração porque não aguentava. Se ele só entende de olho, ele tem de ouvir o cardiologista. Mas no fundo, veja bem: a especialidade é fundamental, mas ela só é correta na medida em que fica tão profunda que termina por alcançar a totalidade mesma. É dialético. Eu me aprofundo de tal maneira no tema que termino pegando a totalidade dele e não uma face dele. O especialismo fica na face, fica no pedaço, fica no pormenor. O fato é que é preciso cindir a totalidade, mas ela continua a existir. Para mim, uma das formas de entender a interdisciplinaridade é voltar a tentar compreender a totalidade enquanto tal. Através, então, da sistemática relação dialético-contraditória entre as diferentes disciplinas que conjuntamente retotalizam a totalidade que foi cindida, para poder ser apreendida. É assim que vejo a interdisciplinaridade. Isso não tem nada a ver com um projeto de justaposição de disciplinas em que você pega a matemática aqui, põe a linguagem aqui, aqui põe a história e a geografia. Não tem nada a ver.

A interdisciplinaridade tende a estabelecer um diálogo entre as diferentes contradições que a totalidade experimenta e vive nos campos setoriais dessa realidade. É por isso que, inclusive, do ponto de vista da escolaridade, do ponto de vista da posta em prática de uma atividade interdisciplinar em uma escola, o ponto de partida dela em lugar de ser um discurso fraterno dos inter-professores, um discurso inter-professoral, o ponto de partida, eu acho — e como eu disse que na Prefeitura vem se fazendo também —, é muito mais aquele e nisso nós voltamos — me desculpem a falta de modéstia — aos anos 1950, comigo mesmo, o ponto de partida é exatamente o conhecimento interdisciplinar das condições ambientais do educando. Quer dizer:

professoras e professores, educadores e educandos voltando-se sobre o seu próprio contexto. De um lado o contexto de vida dos educandos e das educandas, do outro o contexto pedagógico, social, do educador e da educadora.

Eu vi coisas fantásticas no começo desse trabalho na Secretaria. Eu lembro, por exemplo, de uma semana de estudos em que uma escola recebia nove escolas e passaram as professoras e professores, cinco dias, creio, trabalhando a programação de um bimestre com materiais, com trabalhos realizados pelas professoras, estudos, e uma das coisas que fizeram foi uma pesquisa nas condições ambientais do bairro onde estava a escola e que partia, inclusive, de uma série muito bonita de fotos tiradas por um, dois ou três professores das redondezas em que se encontrava a escola. Eu não ouvi pessoalmente, mas tive a informação da exclamação que eu vou repetir para vocês, porque eu acho, inclusive, que tem um valor poético fantástico, que é o que esse professor disse. Tem também um valor existencial além do científico. A coordenadora pedagógica me disse que ele passeava os olhos nas fotos, na parede, ele era professor dessa escola, vendo as ruas que davam acesso a sua escola. O bairro, as esquinas. Ele passeava os olhos, calado, e quando chegou ao fim de uma espécie de rua de fotos, ele parou, olhou, e fez o seguinte discurso: "Há dez anos eu sou professor nessa escola e pela primeira vez eu estou tendo informações por fotos de como chegar com meu carro. E agora eu me pergunto, o que é uma coisa linda: se há dez anos trabalhando nessa escola, eu não conhecia as ruas do contorno da escola, como pude educar meus educandos?".

Eu acho que esse discurso, essa exclamação, essa exteriorização do educador naquele momento vale ou valeu tanto quanto o seminário de um semestre para analisar cientificamente o que é o meio e como é preciso que o educador conheça as condições que interferem na linguagem e na identidade cultural de seu educando, nos problemas de classe que estão lá montados. Esse me parece que é realmente o ponto de partida para uma compreensão crítica da interdisciplinaridade e não, o que é importante também, e não só as leituras puramente teóricas em torno da interdisciplinaridade. É preciso que eu saiba como é que os meninos e as meninas cantam e contam, como é que os meninos e as meninas brincam.

Os pais já estão educando os seus filhos. Como a gente sabe cientificamente isso? E o que é, então, que está me fazendo falar em educação? Então, vamos tentar, também muito rapidamente, encontrar uma ou duas raízes aqui. Como sugestões, eu acho que se vocês estiverem curiosos, então amanhã podem ir fazendo seus estudos e suas leituras. O que eu quero dizer é que existem raízes e razões de natureza biológica, genética que explicam o que a gente vem sendo. Quer dizer, uma das coisas que para mim é fundamental para a compreensão do homem e da mulher hoje e sempre é nunca nos deixarmos cair na tentação de ficar apenas, por exemplo, no arcabouço herdado por apenas um conjunto de influências externas ao ser. Mas, pelo contrário, em lugar de ficarmos presos às análises hereditárias, ao gene que nos construiu que é exatamente viver aquilo que nós vivemos. Em lugar de ficarmos somente com um ou só com outro, devemos nos preocupar em entender a relação entre eles.

Lembro de um dos maiores biólogos de hoje do mundo, que é um francês chamado François Jacob.[18] São textos extraordinários

[18] Freire cita este autor, prêmio Nobel de Medicina em 1965, na obra *Pedagogia da autonomia*: François Jacob. *Nous sommes programmés mais pour apprendre*. Le Courrier de L'Unesco, Paris, fev. 1991. Cita também na *Pedagogia da esperança: um reencontro com a Pedagogia do oprimido*.

sobre a vida e sobre como a natureza funciona, sobre a quantidade de genes que se dão no campo da natureza, como preservação dessa natureza, colocados como defesa da natureza. E tem a questão absoluta, por exemplo, de que qualquer compreensão ou análise feita sem a percepção da relação dos outros leva a isso. E o que a gente tem que ver é a aprendizagem de um lado, o que eu chamaria de saber, conhecimento, capacidade de conhecer o que é individual. No fundo, não há ninguém igual, isso quer dizer que geneticamente é um negócio extraordinário, que não há nenhum ser igual ao outro. Nenhum. Em toda população do mundo não há um ser igual ao outro. A reprodução, diz Jacob, é organizada no sentido de que não haja possibilidade de igualdade. Segundo Jacob, exatamente porque não somos uma colônia de bactérias é que foi possível ao homem e à mulher inventarem um conceito de igualdade. E mais do que inventar, brigar pela ideia. A gente briga pela igualdade por causa de uma fundamentação genética. Quer dizer, exatamente porque não há igualdade, geneticamente falando, é que a gente precisa procurar o histórico-socialmente falando, e brigar por ela. Uma coisa maravilhosa é dizer: é possível, segundo a biologia moderna, a genética é uma coisa fantástica tão grande quanto a contribuição da física moderna, a física quântica, quer dizer, que restaura, superando um certo conceito marxista. Porque Marx também aceita a possibilidade da subjetividade. A subjetividade na história, a física quântica porque o sujeito que conhece é o sujeito individual. Esse exemplo não é de agora, porque a física moderna só está chegando agora, final do século passado e começo desse século. Mas hoje está chegando alguma coisa aqui no Brasil.

Mas bem e o que é que nós somos capazes de realizar ao longo da história? Quer dizer, ou no momento exato de andar, em que as mãos exprimidas no corpo, aprendendo a ficar em pé. E foi de passo a passo, ele, Jacob, querendo dizer que o homem e a mulher, por exemplo, não falaram o que eles são. Mas o homem e a mulher, depois de ficarem em pé, soltarem as mãos e darem a possibilidade às mãos, passaram a executar uma série de tarefas que elas antes não realizavam como a tarefa de fazer um instrumento com o qual prolongaram o braço em três metros, quer dizer, uma coisa é pegar o animal com a mão, a outra coisa é abatê-lo a dez metros de distância. Isso modificou a capacidade de defesa, a mão libertando-se, instrumentalizou o corpo. No fundo, então, a mente tal qual a gente tem hoje, não foi doada, foi inventada por nós. Foi criada por nós, não é um a priori da história, mas se deu na história. Porque há muitas coisas que a gente não conseguiu fazer sem mestre. Mas uma das coisas que resultaram nisso, é que foi pela educação que nós nos tornamos, vejam bem, prestem atenção a esses verbos que eu uso e sempre me expresso, eu uso muito a linguagem processual e isso é de propósito, é para mostrar que nesse conceito nada foi dado, mas criado. É diferente. A vida não é um dado, mas é um dado da criação em criação. Que vale dizer: é processo, é projeto, ela vem a ser, constantemente.

O que foi possível a nós é que, ao longo da história, terminamos nos tornando capazes e, aproveitando os materiais, com materiais você é resultado de tudo que produzimos, as coisas realmente concretas, materiais, associadas, nunca separadas, esses materiais eu vou chamar agora espirituais ou mentais, ou psicológicos, foram sendo criados em nós. Em suma, nós nos tornamos capazes de, aproveitando os materiais que a vida nos oferecia, ou que a experiência vital nos dava, tornamo-nos capazes de com esses materiais, criar ou inventar uma coisa que necessitamos para a existência. Então, nesse caso só nós existimos, além de viver enquanto o casal de cachorros que eu tenho no quintal de minha casa, da nossa casa, vive, mas não existe. Percebam que eu não estou usando o verbo existir aqui no sentido de viver. O senso comum existe e nele existimos nós, do ponto de vista filosófico. Do ponto de vista epistemológico, existimos nós. E a existência se constitui, então, numa experiência histórica, social e cultural, que deriva depois no político. É porque existimos que falamos e falamos porque existimos. Quer dizer, é porque existimos que transformamos o mundo, mas transformamos o mundo porque existimos. Não há uma coisa que seja esta a razão de ser exclusiva da outra, porque no fim elas são razões relacionadas, contraditoriamente e processualmente. É aí, é exatamente aí que nasce a possibilidade de educar. Quer dizer, a educação aparece precisamente como a possibilidade de, por um lado, continuar a experiência histórica que se acumula. Por outro, com a possibilidade de mudar a experiência histórica. Então, você vê, ela nasce dialeticamente, ela nasce contraditoriamente, ela nasce entre coisas que se opõem. De um lado, preservar, do outro não. Há um tipo de bicho como esse em que nós nos tornamos e que não é possível que esse bicho especial, depois que virou, porque não foi, que virou capaz de mudar as coisas, porque mudando o mundo aprendeu também, através da própria linguagem que, ao mesmo tempo é comunicação, reconhecimento. O que não era possível é que um bicho especial como esse não tivesse podido ter a capacidade de educar.

Bem, em linhas gerais, eu peço desculpas, eu estou me estendendo, até ultrapassei um pouquinho, eu acho que somente nós que inventamos os espaços e as horas, somos capazes também de pegar. Eu acho que uma das coisas que tem suas vantagens na Europa e nos Estados Unidos é que os horários e os esquemas viraram algo bastante descartável. Isto é, os homens e as mulheres criam um esquema e depois se destravam dele. E eu vi isso lá nos Estados Unidos, dizia: não, eu sou maior do que o esquema, porque eu faço o esquema. Então, eu proponho aqui, agora, que a gente quebre isso também, pode desmantelar até aí a burocracia do hotel, porque eu demoro um pouquinho. Eu queria deixar claro, então, o seguinte: o fenômeno da educação, quer dizer, a prática da educação que surge precisamente porque a gente foi capaz de criar a existência, necessariamente, por outro lado, ela é histórica. Não é possível compreender a educação fora da história. Nós nos damos na história, nós nos fazemos na história que nós fazemos. E somos feitos e refeitos pela história. Que também é educação. O que faz dizer então que o adjetivo "brasileira" aqui colocado[19] nos conduz para a compreensão do que é a educação da qual queremos falar, não é a educação que se dá em qualquer lugar. A gente sabe que em qualquer lugar se dá a educação, mas a educação sobre a qual queremos falar é a educação que consideramos como um sonho possível, e é a brasileira, aqui, é aqui. Você quer que a educação aqui seja igual a de outro país, mas é sobre essa aqui que queremos falar. Então, agora, em linhas gerais também, o que eu queria dizer a vocês é que a educação deveria ser tomada num sentido muito geral ou num sentido mais especial, mais específico.

[19] Paulo Freire está se referindo ao tema geral da palestra: Educação brasileira: um sonho possível.

Eu vou ficar, pelo menos nessa parte da manhã, na educação enquanto escolaridade também, isto é, a educação enquanto sistema; o sistema do sistema maior, da sociedade também. Para isso, eu diria em poucas palavras o seguinte: é que quando a gente dá uma olhadela na educação, aliás, não é só brasileira, em qualquer sociedade a que cheguemos, se olharmos sua educação precisaremos partir de dois pontos referenciais, e saber como é que a educação se comporta diante desses dois pontos. O primeiro ponto é o que nós chamamos de aspecto quantitativo da educação. O segundo ponto é o que nós chamamos de aspecto qualitativo da educação. Dentro desses dois marcos, o que me interessa na educação aqui no Brasil ou no Uruguai, onde quer que seja, a pergunta que eu faço, é: o subsistema educacional desta sociedade, como se comporta, primeiro, diante da quantidade? Quer dizer, será que está havendo uma correlação entre a demanda pela educação e a resposta do Estado? Ou, pelo contrário, será que o Estado, não estando respondendo, está havendo um *déficit* na quantidade da educação e deve-se a isto? Em segundo lugar, claro que a gente pode ser muito mais radical e estudar não apenas os fatos causadores do *déficit*, mas, ao estudá-los, estudar certas teorias, sobretudo dos anos 1970 para cá, que venham nesse mundo procurando investigar isso cientificamente. Agora, por exemplo, nós temos um programa na PUC de São Paulo, que é até uma pós-graduação que estuda exatamente esse tema. O segundo aspecto é o da qualidade, quer dizer, a pergunta seria: qual é a qualidade desta educação? A quem ela serve e como ela serve? Ora, se a gente se indaga em torno desses dois pontos fundamentais, a quantidade da educação no Brasil e a qualidade dela, em primeiro lugar a gente tem que entender que esses dois pontos nunca podem ser separados. Qualquer que seja o caminho que você tome você precisa saber o resultado. Rapidamente, eu diria a você que a educação brasileira, do ponto de vista da quantidade, é um desastre, como um desastre é a saúde brasileira, como um desastre é a burocracia brasileira, como um desastre é a política brasileira, como um desastre é a ética. E nós estamos vivendo uma espécie de desastre em cada crise econômica e social no Brasil. E não porque os brasileiros e as brasileiras sejam por natureza sem-vergonhas, não é isso, os povos estão sendo sacrificados em função dos momentos fundamentais de sua história até que as mesmas situações sejam exclusivas nossas. Não necessariamente. Agora, sabemos do primeiro-ministro japonês. É que no Japão o ex-primeiro-ministro vai para a cadeia[20] e no Brasil só agora é que talvez, talvez, se faça alguma coisa. Ainda é possível que daqui a pouco a gente tenha ex-ministros presos. A tendência caminha para isso.

Mas do ponto de vista da quantidade, eu vou dar alguns dados a vocês para mostrar que a educação brasileira é tão má quanto a saúde. Nós temos hoje 8 milhões de meninos e meninas brasileiras entre 7 e 14 anos que ainda não estão matriculados na escola neste ano de 1992. Segundo, nos centros urbanos, onde a luta operária, do ponto de vista da reivindicação é mais forte, as pressões sindicais, as pressões políticas, forçaram os governos a atender a demanda de escolas para seus filhos. Depois dos anos 1930 para cá, o que acontece? Aumenta um pouco a escolarização das crianças das cidades. O que a escola faz, então, depois que entra uma parte desses meninos e meninas que não poderiam estar fora da escola? Eles entram

[20] Ex-primeiro-ministro japonês Kishiro Nakamura, indiciado em 1992, acusado de receber propina, foi preso em 1994.

na escola, 8 milhões ficam fora, uma parte da estatística entra, quando entra, o primeiro e o segundo ano são reprovados. Uma coisa extraordinária, porque nós queremos ler e escrever. E não aprenderam ler e escrever, não porque são inferiores e a escola pensa, ideologicamente que são. E outra coisa, não tem nenhum neto meu reprovado nisso. Todos os meus netos são alfabetizados. E não porque eu inventei umas coisas aí na educação, é porque isso é uma questão de classe social que continua existindo, minha gente. Não acreditem nesses discursos neoliberais que disseram e que estão dizendo que acabou classe social, que acabou história, que tudo é ideologia, que acabou utopia, que acabou o sonho e que a gente deve se acomodar a um só pensamento. Isso é mentira. As classes sociais estão vivíssimas, a luta de classes continua. Mas não é o que alguns marxistas do mundo pensavam que era, que a luta de classes explicava até a cor das nuvens numa quarta-feira de tarde. Isso nunca foi e não é verdade. E não vai ser nunca. É uma estupidez pensar isso, também. Mas todo mundo tem direito a errar. Marx também. Quer dizer, os meninos e meninas que entram no primeiro e segundo ano são reprovados. Depois, uns passam e são reprovados entre o terceiro e o quarto, passam entre o terceiro e o quarto e ficam no quinto. Entre o quarto e o quinto em Geografia, Matemática, História. Há muitos estudos hoje no Brasil sobre isso. Mas a linha da educação traçada na Secretaria foi exitosa, porque nós passamos desde o primeiro ano da nossa administração até o último, que é esse, e nós superamos cada ano os resultados da década inteira. Nós conseguimos melhorar os padrões da educação da cidade de São Paulo e ganhar posições melhores entre os dez anos anteriores. Dez. Quer dizer, nós superamos a década todinha. E através da formação dos professores, criamos uma ou outra forma da administração.

Com minha filha, Madalena, o pai dela, Paulo Freire, começamos com 34 mil professores que se engajaram num processo de formação permanente em Campinas, com a Universidade Católica, com a Universidade de São Paulo e com a Universidade de Campinas. Nós fizemos um trabalho realmente sério, científico, político, que valeu a pena. Se você agora encara a pergunta do ponto de vista da qualidade da educação brasileira, evidentemente que é um desastre também. A educação brasileira é autoritária, como é autoritária a sociedade brasileira. A educação brasileira é elitista, é discriminatória. Nós vivemos casos na própria rede municipal de São Paulo de escolas que recusaram matrícula no começo do ano passado, que recusaram matrícula a meninos porque eram pretos. E cujas mães tiveram, porém, a coragem de fazer a denúncia. Foram para a justiça com o total apoio nosso, da administração, e que está se apurando, e nós vamos ver qual é o caminho jurídico, para punir quem fez isso, inclusive com demissão. Quer dizer, o trabalho da gente é superar essa herança terrível da discriminação entre nós, racial, sexual e de classe. Então, do ponto de vista da pergunta feita quanto à qualidade da educação brasileira, posso afirmar que é deficitária.

Agora, aí vem o segundo bloco da questão, de ilustrar o sonho. Eu quero só em duas palavras dizer que o sonho é possível, dizer a vocês que, para mim, o sonho não é apenas um direito que eu tenho, mas o sonho faz parte da natureza humana, histórica, que foi ganha ou constituída, ou que começou a constituir-se e continua, dentro da experiência histórica, que o bicho que virou homem e mulher vem fazendo história. Primeiro, eu não acredito, apesar das minhas posições cristãs, em a priori da história, a não ser a experiência, porque aí também é redundante. Por isso é que eu não posso ser realmente marxista. É que um marxista, mesmo não sendo muito ortodoxo, não aceita qualquer a priori da história. Só na história é possível começar a entender a história. E, aí, sim, com relação à experiência, eu aceito um a priori. Eu acredito que não é acaso esse negócio, eu fico agora com um dos grandes físicos modernos de agora, que se chama Paul Davies, de Londres. Ele escreveu um livro intitulado *God is the new Physics* - Deus é *a nova Física,* mas só que ele está mostrando que não dá para entender, não dá para entender isso. Por quê?

DA RELEITURA DO MUNDO PARA A RELEITURA DA PALAVRA, UM QUE FAZER DIALÉTICO

Constantemente releio a palavra e releio o mundo. O que vale dizer é que, ao ler a palavra escrita hoje, e me sentir remetido à leitura do mundo, a minha tendência é ao ir lá e ler a leitura, é reler, quer dizer, em outras palavras que a leitura da palavra me faz a releitura do mundo e a releitura do mundo implica necessariamente a nova percepção que eu vou ter do mundo, pelo fato de que ao perceber o mundo pela releitura dele, eu me meto no processo de perceber a percepção anterior, e a percepção da percepção anterior sempre, ou quase sempre, nos leva ao novo conhecimento através da experiência do reconhecimento do conhecimento anterior. Então, no momento em que eu reconheço o conhecimento anterior, eu tenho a possibilidade de conhecer diferentemente. Agora, uma das consequências disso na prática pedagógica, no momento em que o educador tece no aluno um quê aprender, tem uma visão de uma prática estática de ensinar e aprender; no momento em que um de nós aceita esta ideologia como verdade, e pratica, dá importância para esta ideologia, que no fundo é autoritária; no momento em que fazemos isso nos proibimos de viver a experiência de re-conhecer, do conhecimento que tínhamos no momento mesmo em que um aluno nosso começa a conhecer o objeto que nós estamos ensinando em torno de cujo conhecimento nós estamos trabalhando.

Vou retomar o que disse: vejam bem, se eu vou ensinar biologia, preciso saber biologia, se vou ensinar matemática, preciso saber matemática. Isso não significa que eu não deva saber outras coisas além da biologia, isto é uma condição "sine qua non", quando temos que ensinar algo. Agora, segundo, precisamos saber como ensinar, então, entra o sistema metodológico, e temos que saber sobretudo o que é ensinar, não apenas biologia, mas qualquer coisa, o que é o ato de ensinar. Mas quando pensamos sobre ensinar, necessariamente temos que pensar sobre aprender, porque se não houver o aprender, não há o ensinar, então, eu não posso pensar em ensinar sem pensar em aprender, pensar em ensinar, implica pensar em aprender, e vice-versa. Então, agora eu pergunto de um ponto de vista como o meu, dialético, não mecânico, mas progressista, portanto, não autoritário, mas democrático: o que é ensinar? Ensinar para mim é a maneira de um professor ou professora, testemunhando ao aluno e à aluna o que ele fez, ele ou ela, para conhecer o objeto ou conteúdo que ele ou ela ensina. Ensinar é como a forma que o professor ou professora assume para substantivar testemunhalmente a sua maneira de aprender ou de conhecer o que ensina no sentido de que um aluno também conheça o que o professor conhece. Em certo sentido, uma das formas de ensinar é esta que estamos usando aqui hoje, é o discurso sobre uma prática, o discurso sobre uma abstração. E em certo sentido, o ensinante teria de criar o que eu chamo de virtudes ou qualidades, e não mais receber de presente nas quartas-feiras de tarde do céu, não cai nunca. Você tem que criar a virtude, encarná-la, materializá-la, vivê-la, criando certas virtudes, desafiar o educando e a educanda para que aprendam a apreender o objeto que está sendo ensinado, na sua substantividade.

Assim, quero dizer que se o educando, o aluno, a aluna, em interação contraditória com o educador e a educadora, apreende a substantividade daquilo que está sendo ensinado a ele e ela, estes aprendem o ensinado, por isso conhecem, e porque aprendendo a apreender e conheceram, os educandos e as educandas memorizam. O nosso pecado autoritário, a incompetência, está às vezes, em pensar que a memorização precede a apreensão do saber, então, a gente cai na coisa que eu critiquei muito que é a memorização mecânica, via pura repetição da descrição do conceito. E o que a gente tem feito hoje na escola é, preponderantemente, descrever ou perfilar o objeto para que o educando e a educanda memorizem o perfil do objeto, pensando que conhecem o objeto. E isto não é conhecer. Por isso na linguagem comum dizemos que o conhecer serve apenas para fazer prova, é exatamente isto, não para aprender. É preciso apreender o objeto que irá ser aprendido. Não há aprendizagem sem a apreensão do aprendido, e este é um processo crítico e não ingênuo, no sentido dialético da frase, quero dizer, se o educando e a educanda não são levados a assumirem-se como sujeitos, capazes de conhecer, eles nem sequer são educando e educanda ainda, e é por isso que eu faço uma afirmação radical: o educando, a educanda são educando e educanda, não porque têm um número de matrícula, ou pagaram um determinado valor, mas o educando e a educanda são somente educando e educanda quando se tornam capazes de reconhecer esse sujeito cognoscente, e é por isso que tem muita gente fazendo doutoramento e não é educando ainda, que está seguindo a memorização mecânica dos trezentos livros que o professor a, b, ou c, obriga que o doutorando estude no semestre e são livros que até mesmo os professores, as professoras, não leram. Isto é uma das coisas que estão fora do sonho da nossa escola. Porque a escola com que sonhamos deve pôr de lado este tipo de professora, este tipo de professor, não estigmatizá-los, mas chamar a atenção que não é isso.

Se vocês colocam essa reflexão em torno da compreensão do mundo da leitura, em primeiro lugar o mundo da leitura não poderá estar dissociado do mundo mesmo, que imediatiza a leitura e a escrita. Se vocês agora partem para a compreensão da leitura e da escrita, primeiro, como coisas que não podem ser separadas, segundo, como coisas que estão sempre referidas ao mundo real, ao mundo concreto, e que, portanto, é preciso que seja esse mundo de que a leitura fala, apreendido e não decorado, por meio da repetição do discurso, então, temos a compreensão crítica da leitura.

No intervalo a professora Neusa veio a mim e me contou muito humildemente, e para mim muito bonitamente, uma experiência que ela fez muito tempo atrás, com um livro, esses livros que eu andei falando; dou tanta importância à fala que tenho uma série de livros que eu chamo de livros falados, com brasileiros e com estrangeiros, mas o tal que ela usou foi um livro falado por Moacir Gadotti, Sérgio Guimarães e por mim, que se chama *Pedagogia: Diálogo e Conflito*. Ela contou que no curso de metodologia, resolveu um dia usar a leitura desse texto como mediação para a compreensão crítica do que era a metodologia com relação à aproximação dos objetos de conhecimento, da própria leitura, então, a cada trecho lido, ela aproveitava com os alunos para fazer ganchos com contextos de outros textos, com experiências vividas dos alunos do ponto de vista da própria teoria, metodologia, que ela ensinava. Essa foi uma forma indiscutivelmente crítica de ler esse texto e descobrir as implicações de um texto com a relação a muitas coisas de que o texto diretamente sequer fala. Então, essa é também uma sugestão que eu daria a vocês com relação a esta questão do tema da leitura, que eu uso muito quando trabalho, lendo, por exemplo, um livro, e em certo momento o autor ou a autora faz uma afirmação que tem a ver diretamente com coisas sobre as quais eu venho pensando, então, eu paro a leitura e tento escrever alguma coisa além do que eu já escrevi, sobre o tema que me toca, e que agora foi reprovocado na leitura.

Muitas vezes o autor me desafia em torno de um problema em que possivelmente o autor ou autora jamais cogitaram, mas eles foram capazes com aquele fato despertar em mim um conto a mais, uma coisa a mais, quero dizer, no fundo, a leitura deles me trouxe pedaços até então escondidos da realidade do mundo e do mundo da minha leitura. Acho que é isso que a gente tem que fazer. Daí eu ter dito continuamente que ler um texto não significa passear sobre as palavras; ler um texto é permitir uma apreensão tão profunda e crítica do texto quanto aquela de que eu falei quando o estudante deve entrar no discurso do professor e esmiuçá-lo, para dizer sim ou não ao discurso, porque o fundamental é que o educando se acostume a criar uma disciplina, que é a disciplina intelectual, séria, ética, e também estética, porque há uma boniteza no sim, como há uma boniteza na recusa. Eu dificilmente separo estética de ética, há sempre uma beleza na seriedade, há sempre uma beleza na pureza e uma terrível feiura no puritanismo. Então, ler e escrever exige isso de nós.

Agora para terminar, eu diria não como um código de receitas, mas eu diria que a leitura séria demanda paciência, mas uma paciência impaciente, a leitura e a escrita quando, por exemplo eu leio um livro que eu já li várias vezes e eu o trouxe hoje com o sonho que poderia ler no avião, mas não li, possivelmente irei ler na volta, mas eu precisei quase magicamente estar com o livro na mão. Este é um extraordinário livro, que me ensina enormemente, me faz retirar coisas que não estão ditas, adivinhar outras, convencer-me de outras, constatar outras. Então, ler é isto, ler implica em permanente postura de pesquisa, no sentido de indagação, de procura, de curiosidade, de perguntas que não acabam, é impossível ler sem perguntar. Eu sempre costumo dizer aos meus alunos: quando vocês estiverem lendo um autor não importa se ele morreu há quinhentos anos, mil anos, 2 mil anos, se você está lendo Sócrates, Platão, coloque uma cadeira junto e convide Platão a sentar-se, e brigue com Platão, é possível até que se você ler dez páginas, vinte, trinta e não tenha nada para brigar com Platão, então, você pede desculpas para Platão: "Desculpe que eu não tive chance de brigar com você, eu não aprendi ainda como brigar com você". O que não é possível é ler um livro, sem saber do autor, no mínimo, qual foi o contexto histórico, cultural, ideológico, político, artístico do autor.

Quero dizer então, ler é muito mais sério do que pensamos. Ler é uma tarefa muito mais demandante do que pensamos, e as universidades não estão ajudando, nem as escolas estão ajudando as crianças na leitura e na escrita. Houve uma época em que eu não dormia sem antes escrever nem que fosse um bilhete para ninguém; podia não existir a pessoa, eu me sentava e escrevia: "Caro Antônio, são onze e meia da noite e eu estou cumprindo uma tarefa necessária de habituar-me a escrever". Isso porque agora eu te falei em habituar-me, eu escrevia às vezes cartas grandes, algumas delas eu guardei, depois eu perdi isso tudo, uma pena, pois poderia ter em meu arquivo hoje uma série de exercícios de escrever. O que eu quero dizer é que ninguém escreve se não escrever, é preciso escrever para poder dominar a escrita, agora tem mais: ninguém escreve sem ler e não apenas ler o que está escrevendo, mas sem ler outras coisas. Além de ler os elementos dos textos básicos científicos necessários, é preciso ir além, e ler, por exemplo, Gilberto Freyre.[21] Neste caso não só lida com a palavra, lida com a sintaxe, lida com a colocação pronominal. Dificilmente Gilberto Freyre escreve uma feiura, obedecendo ou não a gramática; é preciso ler Lins do Rego,[22] o clássico Machado de Assis,[23] Graciliano Ramos,[24] Jorge Amado.[25] É preciso entrar em convivência com uma meia dúzia de gente que lidou esteticamente com o discurso, para não ficar perdida e desesperada depois, e dizer: "não sei começar", porque é difícil escrever. Eu adoro escrever, mas é difícil escrever. Tenho uma capacidade que me deixa até espantado, que é de escrever, por exemplo, cem páginas e quando acabo a escrita dessas cem páginas, as entrego à secretária, à datilógrafa e não

---

[21] Gilberto de Mello Freyre (1900-1987), antropólogo e sociólogo, desenvolveu em suas obras a ideia da democracia racial brasileira, defendendo a tese de que no Brasil, havia harmonia na relação entre escravos e senhores originada da miscigenação racial. Autor de *Casa-Grande e senzala.* Rio de Janeiro: Editora Record, 1998.

[22] José Lins do Rego Cavalcanti (1901-1957), bacharel em direito, membro da Academia Brasileira de Letras, foi consagrado romancista regionalista. Entre suas obras, destaca-se *Menino de Engenho.* São Paulo: Ed. José Olympio, 2010.

[23] Joaquim Maria Machado de Assis (1839-1908) poeta, contista, dramaturgo, romancista, cofundador da Academia Brasileira de Letras, da qual foi o primeiro presidente. *Obras completas.* Rio de Janeiro: Editora Nova Aguilar, 2015.

[24] Graciliano Ramos de Oliveira (1892-1953), escritor, romancista modernista, é autor de obras extraordinárias, como *Vidas Secas.* São Paulo: José Olympio, 1938; e *Memórias do cárcere.* São Paulo: José Olympio, 1953. Esta obra é póstuma. Nela, o autor conta sobre o período em que esteve preso, 1936, acusado de envolvimento com a Intentona Comunista, de 1935, durante a ditadura Vargas.

[25] Jorge Leal Amado de Faria (1912-2001), bacharel em direito, é um dos romancistas mais lidos no Brasil e no exterior. Foi exilado na Argentina de 1936 a 1937, e preso por se opor ao Estado Novo, de Vargas. Entre seus romances mais famosos, encontram-se: *O país do carnaval.* São Paulo: Companhia das Letras, 2011; *Capitães da areia.* São Paulo: Companhia de Bolso, 2009; *A descoberta da América pelos turcos.* São Paulo: Editorial Record, 1994.

tem que reler para corrigir, vai direto para editora e esses livros todos que vocês estão vendo aí, saem assim, acabo de escrever sai e edito porque o pensamento sai todo organizado, eu tenho isso, eu criei isso, criei à custa de uma disciplina necessária e sem a qual não há trabalho sério.

Termino esse discurso dizendo a vocês que sem disciplina, sem consciência de limite, sem respeito às tradições também, sem respeito à autoridade e com toda a gana brigando contra o autoritarismo, as liberdades fracassam, quer dizer, a gente constitui a liberdade na relação contraditória com a autoridade, mas não na negação da autoridade, na negação do autoritarismo sim, mas nunca da autoridade. A gente não pode tão pouco negar a liberdade, mas tem que negar a licenciosidade, tem que brigar contra o *laissez-faire*. Minhas amigas e meus amigos, eu quero agradecer enormemente a atenção formidável que vocês deram a mim, o bem-estar que compensou que eu não tivesse escrito hoje, e deixo aqui um enorme e fraterno abraço a todas e a todos, obrigado.

"A INTERDISCIPLINARIDADE", CONFERÊNCIA DIALOGADA PROFERIDA POR PAULO FREIRE NO DIA 12 DE JUNHO DE 1992, NO AUDITÓRIO DO SENAC, EM CURITIBA (PR), PROMOVIDA PELO ESCRITÓRIO ARTE & LETRA, EDUCAÇÃO E CULTURA

DA EDUCAÇÃO COMO SONHO, DA UTOPIA COMO INÉDITO VIÁVEL

Eu me sinto contente de novo por ter voltado a Curitiba. Estive aqui em abril, gostei enormemente e hoje volto certo de que vou gostar também. Eu estava conversando com as organizadoras para saber, do ponto de vista metodológico, como é que a gente poderia trabalhar esse pedaço da tarde. E elas me sugeriram de introduzir um pouco o tema e em seguida iniciamos a conversa. Vocês perguntam, eu pergunto, eu respondo ou não respondo. Mas como eu sou um educador, um homem que vem pensando a prática educativa, necessariamente, eu sou também um político, como eu disse para vocês no mês de abril. Mas, eu quero acentuar um pouco mais este tema. Eu acho que não há possibilidade de um educador não ser, também, político. Eu acho que, inclusive, além de político, o educador também deve ser partidário. Mas eu queria começar esse papo fazendo uma manifestação política, contudo, não partidária. Eu não sei se fica clara a diferença entre uma coisa e outra.

Eu quero dar aqui a minha solidariedade a certa coragem de seu governador de Estado[26] que enfrenta agora um problema que, se eu fosse governador, faria o que ele está fazendo. A minha manifestação não partidária, mas política, é no sentido de dizer ao governador que no meio do caminho, pode ser que chegue aí um bando de gente do "deixe como está" para ver como fica. Governador, não aceite isso. Vá até o fim e perca o mandato. Que invadam o Estado. Que façam uma intervenção, e entregue o seu mandato em favor da defesa de um princípio e é exatamente a defesa do princípio de quem precisa falar, e é proibido de falar, que são as classes populares deste país. Essa é a minha homenagem discreta, mas decente e coerente. Vamos tentar fazer uma conversa em torno de: "a educação brasileira, um sonho possível", tema que comecei a discutir com vocês quando estive aqui em abril. Eu gostaria de começar esta reflexão em torno deste tema, aprofundando-o, e tomando o sonho como desafio à minha curiosidade de pedagogo. E ao me aproximar, tomando distância do sonho e da significação do sonho, não do sonho que a gente sonha de noite quando dorme, mas do sonho que a gente sonha acordado. Do sonho enquanto hipótese possível de vida e de mundo. Tentando uma compreensão do sonho, eu gostaria, em primeiro lugar, de fazer uma afirmação categórica que é a seguinte: para mim, é impossível não sonhar. Mas não individualmente, como Paulo Freire. Para mim, nós, mulheres e homens, não podemos existir, que é a forma como vivemos, sem o sonho. Consideremos um pouco isso. Indiscutivelmente que nós fazemos parte

[26] O governador do Estado do Paraná a quem Freire se refere era Roberto Requião de Mello e Silva (1991-1995) ameaçado de intervenção no Estado pelo STJ, se não cumprisse mandado de reintegração de posse de terra.

da natureza, emergimos desse mundo e somos copartícipes da vida no mundo. Nós somos expressões de vida ao lado dos milhões que o mundo guarda. Que o mundo exibe. Nós somos tanto expressões de vida, quanto o pássaro que canta cedinho na árvore da nossa casa. Somos tanto expressão de vida quanto a árvore que está em frente a nossa casa. E somos tão expressões de vida como são as presenças de animais, não importa que animais. Acontece que, na nossa História — deixemos o conceito de História para mais adiante — a experiência na vida que se constituiu no mundo, e agora eu estou falando, portanto, vida no seu conceito mais amplo como algo que ultrapassa a imobilidade do ser que não vive, a imobilidade até da pedra, porque no fundo, a pedra também se contradiz dentro dela. Eu falo vida no sentido mais geral possível. A experiência da vida ou do fenômeno vital, em um mundo que se funda em alguns anos, viabilizou que certo tipo de vida fosse capaz de, em certo momento, e eu agora já estou querendo tomar vida enquanto corpo andante, que foi nosso corpo milênios atrás, eu quero tomar essa expressão de vida em um momento que a gente não define, delimita, ou marca, mas no momento em que essa experiência vital, trabalhando os próprios materiais da vida, foi capaz de fazer com a vida uma coisa que ela não tinha, necessariamente, e que é o que a gente chama aqui e agora de existência humana. Eu acho que eu estou sendo claro, mas pode ser que eu não esteja. Eu estou claro porque, afinal, esse é um tema sobre o qual eu converso comigo mesmo constantemente.

No segundo *round* a gente pode voltar a isso. Em certo momento, a experiência vital ultrapassa o seu próprio limite. E inventa uma coisa que ainda não existia que é a existência humana. E ao fazer isso, se verifica uma coisa muito bacana: nesse momento, a vida se sabe vida, e ao se saber vida, a vida sabe que sabe. Mas quando sabe que sabe, necessariamente descobre uma coisa que fundamenta hoje a educação, que é saber que pode saber mais. Eu até diria saber que sabe pouco. E porque sabe pouco, pode saber mais. É exatamente agora, claro, que essa nova experiência se constitui em existência humana. Eu estou usando agora o conceito de existência no sentido filosófico, e não no sentido do senso comum, quando eu digo, por exemplo, existiam na mesa quatro garrafas, não é nesse sentido. Eu uso o conceito de existir como uma invenção que nós, mulheres e homens, fomos capazes de fazer, trabalhando os materiais que a vida, que éramos também nós, nos ofereceu. Evidentemente que, dentro do panorama geral da vida, só nós fomos capazes de fazer isso. Eu quero descobrir por quê. Em todo o nosso processo de evolução, a vida deu um salto conosco para a existência. Acho que nós somos muito arrogantes, porque inventamos essas coisas e vivemos às vezes destratando os outros animais. São todos puros parentes. Toda a nossa ética, muito fundada na Grécia e Israel, greco-judaica-cristã, é uma ética perneta. Tem uma perna falsa. Porque é uma ética que reconhece, por exemplo, como pecado ou como crime, que eu bata em você. E não reconhece sequer como uma coisa errada, a não ser pelos chamados defensores dos animais, pelos direitos e as ligas de defesa dos animais, que a gente mate um animal ou que a gente derrube uma árvore. Nós vamos ter que reinventar a ética na reinvenção do mundo. Cedo ou tarde. Eu acho que isso está ocorrendo no Rio hoje.[27]

[27] Freire se refere ao Fórum Global - ECO/92, Conferência das Nações Unidas sobre o meio ambiente e o desenvolvimento, realizada de 03 a 14 de junho, no Rio de Janeiro, da qual ele participou como conferencista, discutindo justamente a ascensão de uma nova ética, de novos valores capazes de colocarem a existência à altura da vida, como ele diz nesta conferência.

É um ponto culminante no andar da humanidade, no desenvolvimento da existência. É um momento fundamental em que a existência começou a se repensar historicamente. E daí para frente, não tenho dúvida, a ética vai ter que mudar. Ela vai ter que se descentrar do sexo. Porque mexeu no corpo é imoralidade. E o corpo, para mim, é um dos trecos mais bacanas que a gente também inventou. Como a gente entende o corpo é uma invenção da gente. E a gente descuida o corpo, menospreza, explora, deteriora o corpo. A ética vai alcançar limites com os quais a gente nem sequer pensa hoje. Claro, limites que estarão submetidos a limites culturais e históricos, porque a ética é muito contextual também. Mas vai haver tempo em que derrubar uma árvore vai ser mais do que já é hoje na Europa. Hoje você derruba uma árvore na Suíça, e momentos depois o setor encarregado disso do governo intima você a comparecer, você recebe uma baita multa e tem 24 horas, não sei bem quanto tempo, para replantar a árvore. Mas eu acho que isso ainda é pouco. A ética vai chegar num momento em que ela entra no jurídico e vai para a cadeia quem corta um galho de uma árvore. Porque é desrespeito ao vital, também. A gente se desgarrou desse mundo da vida, da natureza, criou a existência, e agora, com a existência, a gente se instrumentalizou com a tecnologia e a ciência, e ataca a vida.

Eu fiz uma conferência na ECO/92, no Rio, em que eu dizia que talvez uma das maiores brigas e um dos maiores sonhos nossos hoje, é o sonho de pôr a existência à altura da vida. Não sei se também fica clara essa simbologia. A existência que se cria, inventa-se e se constrói a partir da vida, se distanciou de tal forma da vida, que passou a atacar a vida. Hoje é preciso que a existência se reconstrua para ficar à altura da vida. Para não negar a vida e, pelo contrário, ser uma vida especial. Bem, eu vou parar aqui essa introdução do sonho, ela está sendo só um recurso que eu estou usando para dizer que inventada a existência, a história necessariamente teria que se constituir como algo que a gente também inventou. E que a gente faz. No fundo, isso tudo é a façanha da liberdade. É a liberdade solta, exigindo-se a si mesma. Veja os crimes que se perpetuam ainda contra a liberdade.

Voltemos agora ao caso do governador. O governador defende com esse gesto, no fundo, o direito à façanha da liberdade que as massas populares nesse país estão proibidas de ter. Que é a façanha de viver, inclusive, de sobreviver. E o ordenamento jurídico que é feito pela burguesia, que não quer nada com a façanha do povo, necessariamente se instrumenta e instrumenta o poder, que em nome da burguesia, essas palavras existem, mas na cabeça dos pensadores sensatos, e eu acho que eu sou um deles. Porque esses conceitos têm um ancoradouro na realidade concreta. Será que não há burguesia nesse país? Claro que há. Eu saio daqui, vou para a rua e mostro. E os interesses econômicos, políticos, sociais, éticos e estéticos não têm nada a ver com a façanha da liberdade de que o povo precisa, nada, mas nada. Isso eu digo de peito aberto, disposto a qualquer tipo de briga para mostrar que não tem. Ao fazer isso, o governador está defendendo o direito à façanha da liberdade, mas não da burguesia, e sim da massa popular. E é por isso que se estrepa. E depois os discursos neoliberais querem convencer Paulo Freire de que não há mais classes sociais no Brasil. Depois da Perestroika se acabaram as classes sociais, dizem. Eu continuo cruzando com elas nas ruas. Eu dizia que no momento em que a vida, quase como um artista, inventou essa criação que é a existência, a forma como nós vivemos é a existência.

Obviamente que a história se instalou e se instaurou a história que a gente começou a fazer e que, ao fazer, a gente começou a ser feito e refeito por ela. Em termos contraditórios. E quando a história se vivifica evidentemente que ela o faz dentro de um corpo de uma coisa que a gente chama cultura que, no fundo, é toda criação e toda invenção que as mulheres e os homens vêm realizando sobre e com os outros e o mundo. A minha tese é a seguinte: porque existo, me experimento historicamente. E ao me experimentar historicamente, eu me situo no tempo e espaço, nunca só no tempo, porque a história também fez essa coisa linda que é converter em tempo os espaços que guardam existência. Então, não é possível espaço nenhum, usado pela presença do corpo ou dos corpos existentes que não vire tempo. Não é por acaso que a física moderna jamais separa uma coisa da outra. É espaço e tempo. A gente devia inventar uma palavra só: *espatempo*, talvez. Porque a gente tem uma tridimensionalidade às vezes impossível de ser captada, que é o hoje, no fundo, uma fração pequeníssima de tempo. Porque cinco minutos atrás já é passado para mim, e cinco minutos que vem depois, ainda não é o meu presente, mas o meu presente já é isso também, e o amanhã não é outra coisa senão a invenção que eu faço pela transformação do hoje.

A minha tese é a seguinte: não é possível que o corpo consciente, da mulher e do homem, experimente isso sem sonho. Sonho no sentido do pré-estabelecimento do que poderia ser melhor. As sociedades e o poder que castram no corpo da mulher e do homem a possibilidade de sonhar cometem para mim um dos maiores crimes, que é o da castração de algo que historicamente passou a fazer parte da natureza humana.

É isso que sociedades como a nossa fazem com as grandes maiorias. A maioria só tem direito a um sonho, é o sonho em torno do que comer amanhã. E esse é um sonho fundamental, mas pequeno demais. Então, para mim é impossível estar sendo, sem arquitetural.

N'*O Capital*, essa obra monumental do Marx, que muita gente diz que já era e eu acho que não, há um capítulo no qual ele começa fazendo uma análise das diferenças entre o homem, eu diria o homem e a mulher. Marx dizia só o homem, como eu há alguns anos atrás só dizia o homem, mas descobri que essa linguagem é machista mesmo e está errada, absurda. Aí me reeduquei. Eu prefiro que o meu estilo fique menos bonito, porque como a linguagem é machista, ela não dava espaço às mulheres. No momento em que você quer reconhecer o espaço das mulheres, você enfeia o discurso. Mas eu prefiro enfeiar o meu discurso, mas falar em mulher e homem. Pois bem, discutindo a questão do trabalho e do homem, e eu vou trazer uma citação de Marx sobre a qual nós já conversamos em abril passado. Marx disse mais ou menos o seguinte: "A mais competente das abelhas, perderia feio uma disputa com o mais simples dos mestres de obras ou dos operários. Antes de construir um objeto, o operário tem na cabeça o objeto que ele vai fazer. Tem na cabeça a arquitetura, tem na cabeça o sonho da forma do objeto que ele vai fazer. E a abelha, não". As abelhas fazem coisas extraordinárias, fazem coisas sociais extraordinárias. Mas no fundo, há certa centralização das ações das abelhas na espécie abelha, que se passa geneticamente. Enquanto nós, não. Cada um de nós aqui é uma coisa misteriosa, que tem uma margem individual de errar e de acertar, de ser grande e de ser pequeno. Isso é uma das coisas que me encanta em ser homem, isto é, em ser um ser humano.

Posso cair nas profundezas da negação, mas posso subir nas alturas da seriedade e da boniteza. Depende de mim e do mundo. Não só de mim, não só do mundo, mas de como eu trato minhas relações com o mundo. O que eu quero dizer é que para mim, é tão fundamental, repetindo a análise de Marx, que o operário tenha na cabeça dele o desenho da materialidade que ele vai construir quanto para nós, independentemente se somos operários, marceneiros, pedreiros, torneiros, físicos, matemáticos, biólogos, pedagogos, filósofos, não importa. Para nós, mulheres e homens, é absolutamente fundamental que tenhamos também no nosso corpo a conjectura do futuro. Tal como o operário tem na cabeça a conjectura da mesa. Sonhar, para mim, então deixa de ser um puro direito, é até um dever da existência. Talvez pudesse dizer que eu tenho o direito de ter o dever de sonhar. Eu preciso brigar por esse direito de ter esse dever. Por isso sonhar não é tarefa de desocupados, inconsequentes ou líricos. Sonhar é tarefa dos mais práticos e concretos. Porque sem sonhar, não é possível sequer mobilizar-nos para nos organizarmos no sentido de mudar o mundo.

Esse discurso neoliberal que vive anunciando o fim da história, o fim das utopias, que vive defendendo uma postura pragmatista, de acordo com a qual a gente deve se acomodar aos fatos que estão aí, decretando a morte das ideologias, é um discurso dos mais ideológicos que pode haver. Porque, inclusive, só é possível matar a ideologia através de outra ideologia. Só ideologicamente é possível dizer que a ideologia não existe. Como só filosoficamente é possível contestar a filosofia. Nesse sentido, para terminar a questão do sonho, eu diria que o sonho é também um motor da história. E não aquilo apenas que Marx pensou que era a luta de classes, o único motor da história. Para mim, continua sendo mais um dos motores. Não o motor.

Eu repito o caso do governador, esse é um caso exemplar de luta de classes. E por isso o governador pode até perder o mandato dele, porque na briga que está aí, ele está certo eticamente, corajosamente, tomando a posição da massa popular. Depois de amanhã sai um artigo neoliberal dizendo: "não há mais classes sociais". Então nesse caso, o sonho, para mim se integrou à forma de ser humana. Ou a forma de estar vivendo humana de viver. A forma humana. O pico do nosso papo é a educação e esse sonho brasileiro, sonho possível, de superar o inédito e fazê-lo viável. O que eu queria dizer a vocês com muita ênfase, é que se eu tenho o direito e o dever de sonhar, eu só autenticamente sonho, na medida em que coerentemente brigo para realizar o sonho. Não há sonho fora da briga para realizá-lo. O sonho vira impossível, inviável. E sonho impossível é melhor não ter. Em certo sentido, nem esse é tempo perdido. Porque em certo momento, o que sonha um sonho impossível descobre, retifica-se um pouco e passa a procurar possibilidades.

A questão que eu coloco aqui agora é com a nossa frase: "a educação brasileira: um sonho possível". Primeiro: que a gente tem que brigar para viabilizar o sonho da educação brasileira. Aliás, eu diria que sonho vira fruta da noite para o dia, de graça. Os sonhos de Cristo, ele foi para a cruz faz 2 mil anos, continuam rodando por aí. E os cristãos acomodam-se, na maioria dos casos, engordam, embelezam-se, vestem maravilhosamente bem, tomam uísque, tomam vinho, discriminam os negros, discriminam os pobres, e fazem isso em nome de Cristo. É uma coisa que eu também nunca entendi. Um dia eu disse em um artigo que escrevi na Europa que, se Cristo não fosse para mim o que Ele é, um pouco mais do que o cara que andou naqueles anos pregando algumas loucuras, ele seria para mim um ideal pedagógico. Mas eu tenho as duas compreensões do Cristo. Mas não necessariamente dos papas, dos arcebispos, bispos, padres, freiras, leigos, que se dizem cristãos. Que pregam o chamado amor, e odeiam. Que pregam igualdade, e não pagam, podendo, nem um salário mínimo à cozinheira. Podendo, porque sem poder eu concordo que se diga: "Vamos discutir, eu sou uma atolada também, mas acontece que eu preciso de alguém que me ajude em casa. Eu posso te pagar só 150 mil e a comida". Isso é um acordo. Mas o cara que viaja para a Europa, que toma vinho francês, e que acha que pagar 230 mil por mês é uma exorbitância, depois vai à missa do domingo e comunga. Eu acho falho. Vou usar uma expressão meio dura, eu acho safadeza. E ninguém tem coragem de olhar para mim e dizer que não é. Isso é uma das minhas alegrias, porque eu digo isso pelo mundo todo e ninguém se levantou contra até hoje. A coisa é tão safada e pesa tantas toneladas, que o cara não se levanta. Não é por causa de mim, 70 anos, magrinho. É porque o cara não pode com o próprio peso da sua maldade, de sua perversidade. O que eu queria dizer é que sonhar sem a briga concomitante para materializar o sonho, é cair na inviabilidade e perder feio. Mas antes de brigar pelo sonho da educação brasileira, a gente precisa se perguntar que educação é essa. E quando a gente se pergunta, a gente descobre que haverá modelos e sonhos diferentes. E é bom que haja. Hoje, meus amigos e minhas amigas, tenho como lema, por exemplo, como ponto de partida diário para as coisas que escrevo, leio, faço, não estar muito certo das minhas certezas.

Isso é o que me informa, de vinte anos para cá. Quando eu fiz 50 eu descobri isso. Eu estava pensando estar certo demais, e é preciso não estar muito certo. Eu descobri exatamente que foi quando já não estava certo demasiado da certeza, que comecei a ganhar certas certezas melhores. A melhor maneira que a gente tem de ganhar certezas, é não estar muito certo das certezas atuais. Abrir-se para outras certezas, mesmo que a gente não as aceite como as certezas da gente. Mas a gente aceita como direito às certezas. A não ser que a certeza seja de tal maneira hipócrita, como essa: "Sou cristão, amo a Deus e ao próximo como a mim mesmo, mas é um desaforo que essa mulatinha que veio da Bahia queira ganhar 230 mil cruzeiros aqui em casa". Essa não é certeza, é malvadeza. Eu falo nas outras certezas de outra forma.

Então, evidentemente que a gente tem ou poderá ter diferentes modelos de educação. Eu brigo por uma educação para o Brasil, eu digo até sem analisar, porque depois cada um analisa aqui mesmo e fora daqui, mas o meu sonho e o sonho pelo qual eu venho brigando desde muito moço, pela educação brasileira, implica em prática de uma educação que seja, primeiro, menos autoritária. Eu estou fazendo uma concessão realista, porque eu deveria, por exemplo, pedir por uma educação que seja democrática. No entanto, eu disse: que seja menos autoritária. Porque eu sei, realisticamente, que você não faz história por decreto. Se fosse assim era uma maravilha.

Quando fui secretário da educação municipal em São Paulo, até ano passado, eu teria feito dois decretos e mudava tudo. Mas não é assim que se faz história, a história se faz nas contradições. Na briga, no contraste, nas concessões. História não se faz com rigidez absoluta. História se faz com ética, com princípios, vocês precisam ser não rígidos, mas respeitados nos seus limites. História se faz com vergonha na cara, e não com máscara, como a gente está vivendo hoje nesse país. A democratização da sem-vergonhice é um fenômeno extraordinário no Brasil. A coisa é de tal maneira escandalosa que, às vezes, eu mesmo estou no carro, ligo o rádio e é um escândalo que eu não conhecia ainda. E eu fico me perguntando: quando vão botar o meu escândalo? Porque eu estou convencido, agora, que eu já roubei milhões de dólares nesse país, ninguém deixou de roubar. A gente fica enferma nesse país. Isso não significa que somos brasileiros, que nascemos assim. Isso é a história que a gente está vivendo, e quanto a essa história, a gente precisa criar um sonho diferente. Para mudar esse país e montar uma nova sociedade, que não se faz com dez anos, vinte, trinta, não se faz da noite para o dia, mas se faz numa geração. Outro dia um cara me perguntou: "Paulo, você está com 70 anos e faz um discurso bravo, continua inquieto. Eu estou com 30 e já desanimei". Eu não. Eu vou morrer e, se tiver direito de falar antes da morte, eu faço um último discurso. **Ninguém me abala nessa luta**. Eu continuo com essa força, essa vontade. Por isso que eu não quero morrer logo. Mas é preciso que a gente lute. Sabendo que a história não se faz da terça para a quarta, em lugar de desanimar, a gente precisa animar mais, porque precisa saber que tem que usar o tempo para fazer essa história. Uma educação menos, para amanhã dizer mais democrática. Menos autoritária no começo, para logo em seguida ser mais democrática. E nunca parar de ser. Porque para mim, a democracia não tem ponto de chegada. A democracia nunca chega. Enquanto sociedade, no momento em que a gente alcança certo nível de liberdades, a gente cedo descobre que há aspirações que antes não havia. E que essas novas aspirações que foram engendradas pelas anteriores, que geraram liberdades, passam a demandar novas liberdades. E aí você estende o limite dessa liberdade, e passa a brigar de novo e como um adolescente, pela liberdade que está faltando. Nesse momento as forças retrógadas, ou que tenham sido antes libertárias, ficam imobilizadas e consideram a subversão na posição de quem está demandando novas liberdades. Para mim, a utopia é isso: é essa briga permanente, constante, para fazer os sonhos viáveis. A gente vai ter sempre protestos e vai ter sempre obstáculos. Isso aí foi uma das invenções da existência. A gente está pagando pelo que fez. Mas eu acho que vale a pena ter feito isso. Eu acho uma maravilha ser homem, como vocês devem achar ser mulher, apesar das discriminações, e por isso vocês devem brigar contra elas, eu não gostaria de ser a jabuticabeira que tem lá no meu quintal. Eu posso falar da jabuticabeira, mas ela não fala de mim.

A segunda conotação dessa educação pela qual eu brigo está ligada diretamente a essa matriz do autoritarismo, que faz parte da natureza da história brasileira. A sociedade brasileira foi gerada autoritariamente. Eu brigo por uma educação brasileira menos elitista. Todo elitismo é autoritário, não há possibilidade de não ser discriminatório. E eu poderia só dar um pulo nas estatísticas para mostrar o elitismo brasileiro, ligado às estruturas da sociedade, que é um escândalo. Que é o seguinte: nós temos hoje no Brasil, de 8 a 9 milhões de meninos e meninas de 7 a 14 anos, proibidos de estar na escola (ano de 1992), o que é uma coisa escandalosa. Como é que a gente chega ao fim do milênio com isso? Quinhentos anos depois de termos sido invadidos por Portugal, o que os ingênuos ainda chamam de descoberta, nós fomos tomados por Portugal e depois por um bando de outra gente que nisso não vai nenhuma raiva. Eu quero um bem aos portugueses, português para mim não é estrangeiro, é português. E adoro Lisboa, por exemplo, até era capaz de morar lá. Mas eu odeio o colonialismo desses anos atrás e de hoje. Não perdoo, não vejo qualidade nenhuma. Um dia eu estava na África, na Tanzânia, e um técnico da ONU veio tomar uma cerveja comigo no bar, e eu criticando as marcas do colonialismo e dizendo a ele: eu estou tão chocado. Eu estive com um professor da universidade de Darm, ele foi comigo em um bar e me disse: "Há tempos atrás eu não podia entrar nesse bar, porque sou negro, eu era proibido. E eu não podia tomar banho nas águas de meu mar. E as praias viviam cheias de faixas". Ele dizia isso e repetia como se precisasse se projetar na dor. Ele dizia: "*Dogs and blacks forbidden*". "Negros e cachorros proibidos". E eu dizia isso ao representante das Nações Unidas. Ele disse: "foi um acidente". O presidente da Tanzânia, para mim, é um dos maiores vultos do pensamento pedagógico do século. Como ele escreveu as coisas em língua inglesa e foi desconhecido até hoje, de modo geral, pela Europa que não lê inglês, só é conhecido talvez em Londres, e pela presença inglesa na Tanzânia. Um pouquinho nos Estados Unidos. No Brasil, quase nenhum educador sabe quem foi Julius Nyerere.[28] Foi o presidente da Tanzânia, um grande educador e pensador. Esse cara das Nações Unidas veio com o seguinte argumento: "Professor Freire, o colonialismo não é tão mal. Porque se não fosse o colonialismo, esse

[28] Julius Kambarage Nyerere (1922-1999) foi primeiro ministro da Tanganica quando se tornou independente (1961) e o primeiro presidente da República Unida Tanzânia (1962: Tanganica e Zanzibar), de 1962 a 1985. Recebeu o prêmio Lênin da Paz. Convidou Paulo Freire para desenvolver um programa de educação naquela República.

país não poderia ter hoje um homem como o Julius Nyerere". Como o Julius Nyerere foi educado durante a presença inglesa, o mundo todo tem que agradecer aos ingleses a formação que deram a ele. Eu me levantei da cadeira e disse: "Eu não posso continuar a nossa conversa. Não há diálogo entre nós dois, boa noite". Eu ia deixando uma cédula para pagar a cerveja, ele não deixou. Eu sei que fui grosseiro, hoje possivelmente eu não faria isso. Eu hoje discordaria completamente, mas lutaria vigorosamente contra aquele discurso dele, continuaria e tomaria a cerveja. Mas naquela época não dava, vinte anos atrás era demais.

Voltando à história da educação. A segunda característica da educação pela qual eu luto é uma educação menos elitista. A gente sabe que também não é possível da noite para o dia oferecer escola e o direito que esses 8 milhões de meninos e meninas têm de estudar. Só papai do céu. Governado por nós não dá. Mas isso teria que ser feito como uma política nacional que até, em certos aspectos, transcendesse dimensões partidárias. Eu me lembro, por exemplo, de que na última campanha para a presidência, se o Lula tivesse ganhado as eleições, eu seria ministro da educação, e eu acho que eu ia fazer algumas coisas nesse país. Eu já estava trabalhando com uma equipe que estudava programas. Com todo o meu respeito aos CIEPs do Darcy Ribeiro, que é um dos homens mais sérios desse país, mas você tem que fazer um plano de trabalho para alcançar esses 8 milhões, que são hoje 8 milhões, amanhã serão mais. Você não pode simplesmente pôr os 8 milhões de meninos debaixo de cobertas. Ao lado disso, você tem que ter a formação de novos quadros de magistério, e a reformulação da pedagogia dos atuais quadros. É uma coisa que só em pensar você fica cansado. É preciso ter uma coragem de mamãe onça, e uma resistência física que eu pensava, há um ano e pouco, que tinha, quando eu tive uma primeira conversa com o Lula, e pensar em enfrentar uma coisa dessas. Porque a formação do corpo docente desse país é uma das coisas mais fundamentais para a qual não se dá nenhuma atenção. A formação antes de virar professor, e depois que está sendo professor. Não se prepara, não se capacita. A professora chega desamparada e cai em uma experiência que eu chamo de burocratização da mente.

Vou contar para vocês uma conversa que tive com duas educadoras do Município de São Paulo quando eu era secretário de educação, na gestão da prefeita Luiza Erundina (1989-1992).

Eu chamei para conversar comigo duas professoras, e vai ser uma honra conversar comigo, não porque sou Paulo Freire, e sim porque sou gente, como era uma honra para mim, estar com as duas ali conversando. Então a diretora estava tão zangada, tão brava, que ela olhou para mim atentamente e disse: "Eu quero lhe dizer, senhor Secretário, que eu sou autoritária mesmo, e autoritária de nascimento". Eu ainda nem conhecia este tipo de genética, então eu disse: "Olha, se vocês duas me provarem aqui agora, mas com argumentação científica, não vale 'penso que', 'o que é', tem que ser uma argumentação científica, se me provarem que o que vocês fizeram, é legítimo, é pedagógico, eu vou passar a sugerir aqui e fora do Brasil esta medida. Agora precisa mostrar, prova isso, discuta comigo, provando cientificamente que isso é certo, vocês têm que provar que isto é eticamente certo, e no fim eu exijo pela lógica, eu sou o secretário e estou curioso". Foi quando ela ficou zangada e disse que era autoritária mesmo e eu então disse: "Ok, eu aceito que a senhora é autoritária, então, agora vou fazer um pedido a senhora, que é muito simples: na minha administração faça um esforço para ser menos autoritária". Incrível, uma coisa incrível isso, para mudar a cara da escola você tem que mudar muitas coisas, inclusive a cara de professoras e diretoras, e você tem que estar entendendo também o que há por trás no passado, na experiência histórica individual desta senhora. Agora você não tem o direito de ficar culpando os modos diante de uma coisa como esta, porque você não tem o direito de sacrificar os filhos do povo, que estão lá naquela escola. Imagina uma mentalidade como esta entender o que é interdisciplinaridade, não era fácil. Nós fomos derrotados em algumas tentativas de humanizar a escola, fomos derrotados politicamente, pelo poder político oposto a nós. Pois são medidas progressistas que a gente fazia e que não podiam ir para frente pela força que a reação mostrava. Bem, isso aí era um pormenor mesmo que fosse importante.

Voltando de novo para interdisciplinaridade, eu não tenho dúvida nenhuma de que agora é preciso tomar cuidado também para certos riscos que você tem ou não, na interdisciplinaridade. Um dos riscos, por exemplo, é você transformar a experiência da interdisciplinaridade numa espécie de jogo, de jogo espontaneísta, em que não há mais uma disciplina intelectual com a qual você e a partir da qual você encara o objeto de ensino, o conteúdo que você precisa ensinar, porque aí você tem uma saída mais ou menos fácil que não é a interdisciplinaridade, e então se eu faço a interdisciplinaridade eu não posso dar nenhuma aula de português enquanto não discutir com a bióloga; quer dizer, no fundo, as mudanças curriculares envolvem necessariamente revisão de natureza científica e de natureza ética, também. Por essas coisas é que você não pode fazer transformações por decreto, de jeito nenhum. Vou apresentar um dado a mais para vocês terem uma ideia de como a gente estava advertido de que a nossa questão não era ganhar uma pura quantidade, no primeiro mês, segundo mês de administração quando nós propusemos a ideia de um trabalho interdisciplinar, inclusive com a participação de equipes de professores da USP, de professores da Unicamp, e professores da PUC de São Paulo, como eu disse para vocês no nosso encontro de abril passado. Eu visitei os reitores dessas universidades, firmamos convênios com a Prefeitura, nossa Secretaria pagava as professoras e os professores, o seu trabalho intelectual. Quando eles iam até a Secretaria para trabalhar a formação do conceito de interdisciplinaridade, a gente tinha reuniões lindas com físicos, matemáticos, biólogos, com o arte-educador, com a sexóloga, trabalhava com professor de língua portuguesa, linguística, além do professor da língua de sintaxe portuguesa. Quer dizer, essa gente universitária, mas muito boa, muito democrática, trabalhava conosco formando e reformando as nossas equipes centrais. Chegamos a capacitar, com equipes centrais que depois se multiplicariam, aproximadamente 250 especialistas, ou 250 especialistas espalhados pela cidade de São Paulo, no que a gente chama de NAE - Núcleo de Ação Educativa. Este órgão substituiu as velhas delegacias de ensino porque isso é nome para polícia. Eu tenho tudo contra polícia e tenho tudo a favor da polícia, quer dizer, eu não sou contra nem a favor gratuitamente; eu sou a favor de uma polícia que se respeite, mas eu não tenho que colocar polícia dentro de pedagogia, pelo contrário, eu devia ter pedagogia dentro da polícia. Mas então nós acabamos com esse nome, a delegacia acabou. Não existe mais na Prefeitura, na Secretaria municipal de São Paulo, delegacia de ensino; existe núcleo de ação educativa, e nós temos 250 formados permanentemente que eu mesmo dei aula, dei curso de etimologia. Resta que esse trabalho, quando nós o propusemos para seiscentos, na época eram 675 escolas, inclusive as EMEIs (Escolas Municipais de Educação Infantil), quando, então, nós propusemos uma experiência de prática interdisciplinar, de compreensão interdisciplinar no currículo, apenas dez escolas aceitaram.

Então nós vemos o seguinte: as escolas não podem deixar de ter um plano pedagógico, todas tem que ter agora, não é preciso aceitar a nossa proposta, quer dizer a nossa proposta não é a única, nós queremos é a participação de todas as escolas. Resultado: de 675, dez aceitaram a nossa proposta, mas todas as demais dentro do prazo limite ofereceram ou apresentaram os seus projetos pessoais de orientação curricular. Então, hoje nós temos quase a totalidade engajada no trabalho interdisciplinar, mas evitando esses riscos. Outro risco, por exemplo, além desse do espontaneísmo, é o risco de você entendendo mal a interdisciplinaridade, trabalhar de tal maneira como se a interdisciplinaridade fosse uma pura justaposição de disciplinas, quer dizer, você ajusta uma na outra. A realidade não é isso, então é importante dizer que a interdisciplinaridade também não é isso. Concluindo, eu sou a favor disso desde que a gente já no começo trabalhe seriamente o conceito de interdisciplinaridade e aposte em prática da interdisciplinaridade.

Vou ler uma pergunta de um ou uma de vocês. Diz ele, ou ela: "Eu só gostaria de complementar a colega que eu não a conheço e que está questionando sobre a interdisciplinaridade, dizer que nós da Universidade Federal do Paraná, estamos tentando fazer um trabalho interdisciplinar em alfabetização de adultos, e retomar o início da sua postura dizendo que realmente a gente até faz uma história com esse trabalho, nós já estamos há dez anos nos envolvendo com esse trabalho, que é um trabalho realmente bastante difícil, porque a interdisciplinaridade é uma atitude, mais do que tudo — uma atitude. Tem que ter uma atitude interdisciplinar. Só para complementar que eu não conheço a nossa colega, lhe dizer que realmente é muito interessante, é muito importante para qualquer trabalho educacional, seja com criança ou com um universitário, mas que é um trabalho que requer toda essa caminhada que nós estamos há dez anos praticando e ainda estamos engatinhando. Então, gostaria de perguntar ao professor como estaria a sua posição frente ao método que o senhor preconizou lá na época de 1960, e o senhor teve um avanço tão maravilhoso que a gente está acompanhando, e de repente a gente não sabe se retoma aquele método ou como estaria".

Olha, a minha posição é a seguinte: eu acho que a tua pergunta envolve no mínimo duas ou três dimensões das propostas que eu venho fazendo desde os anos de 1950, e no fim dos anos de 1940. A primeira diz respeito ao que chamarei aqui uma compreensão crítica da prática educativa, que é como se você tivesse me dito, "Paulo, como é que tu te pões hoje?" Eu posso dizer que continuo diante do esforço de compreender criticamente a prática educativa. Quanto a isso não há dúvidas, pois continuo escrevendo, falando e etc. Mas, a segunda dimensão é se continuando a pôr-se na postura de busca de compreensão mais crítica da prática educativa, existe distância de alguma posição dos anos de 1950, ou se radicaliza, você ameniza, qual é a sua posição? A segunda questão dentro da tua pergunta seria a seguinte: Paulo, na tua compreensão global na busca da tua compreensão global, da prática educativa, como anda com a epistemologia? Como você trata a teoria do conhecimento segundo a tua compreensão? Terceira questão, isso seria ainda dentro da posição epistemológica, como você lida com Piaget e Vygotsky principalmente, e por extensão, como você se liga a Emilia Ferreiro, por exemplo, que para mim é uma das maiores pesquisadoras deste fim de século de formação piagetiana, sem que isso signifique que ela recuse ou negue Vygotsky, pois tem a sua formação mais para Piaget. Essa seria outra posição. Essa posição é interessante, essa indagação termina situando a gente e eu chamo isso que eu estou fazendo aqui agora de estudar, quer dizer, muita gente pensa que estudar só existe quando a gente abre um livro e decora o que autor disse. Mas estudar é indagar sem ler livro nenhum, lendo também, é claro; estudar é trabalhar, carregar um peso; estudar é brigar para que esses homens e mulheres não sejam expulsos das terras onde trabalham há sete anos, não ir para casa, só tomar chá, mas é se expor, estudar é isso também. Essa última questão agora, por exemplo, que envolve a ética, que envolve o procedimento teórico do conhecimento, que você tem em Piaget que fez biologia para ser epistemólogo e que, no fundo, veio para ele que passou pela psicologia, sem nenhum desprezo pela psicologia. O que ele sempre fez foi a busca epistemológica. E quando Vygotsky estuda o fenômeno da linguagem e estuda a produção social da linguagem, jamais faz dicotomia, ele foi muito dialético, mais até do que provavelmente Piaget, que também foi dialético. Vygotsky pelas suas raízes, mas Piaget não tinha raízes marxistas. Ele estava preocupado com a linguagem tanto quanto com o conhecimento. Quer dizer, a questão tendo em vista a dimensão da pergunta, me levaria então a um aspecto mais metodológico da alfabetização que eu lancei. Nos anos 1950, eu trazia já na mente, sem ter lido jamais Piaget, as questões da linguagem que ele trabalhou; naquela época, como eu disse, não tinha lido Piaget ainda, nem tinha estudado Vygotsky que aparece recentemente. Mas se vocês me permitirem até a falta de humildade da minha parte, eu diria que hoje cada vez mais se estuda nos Estados Unidos e na Europa, Vygotsky e Freire, como já comentei com vocês, mas vou reprisar. Ontem eu fui visitado por uma jovem brasileira que vai fazer agora uma leitura de um texto de autoria dela em Madri no Congresso Internacional, e ela foi me levar o texto antes de viajar. Ela é uma professora de língua inglesa que trabalha com Vygotsky e Freire. E isso hoje é muito comum os Estados Unidos, pois esse pessoal descobriu a relação entre Vygotsky, como um formador meu sem eu saber. Essa é uma das coisas que eu acho mais gostosas você ser influenciado antes de saber que é. Eu acho fantástico quando eu li Vygotsky pela primeira vez. Se deu comigo a mesma coisa de quando eu li pela primeira vez Gramsci,[29] quando li pela primeira vez Fanon.[30] Por exemplo, quando eu li Frantz Fanon, quando eu li a Emilia Ferreiro, eu já tinha inclusive escrito a *Pedagogia do Oprimido*, não tinha comunicado ainda, eu fui obrigado a reler o texto e fazer teses de bases e encaixá-los e metê-los, porque não posso deixar de citar esses autores, eu tinha escrito antes de ler. Então, eu descobri em mim, eu me experimento, sendo influenciado por quem eu não conheço, porque eu não li. É para ver que o bicho homem é uma coisa interessante! Então, essas perguntas, essas indagações, essas

[29] Antonio Gramsci. *Cadernos do Cárcere*. Rio de Janeiro: Civilização Brasileira,1992-1996.
[30] Frantz Fanon. *Os condenados da terra*. Lisboa: Livraria Letra e Arte, 2015.

conjecturas que terminariam por me colocar no cenário dos debates sobre alfabetização, num capítulo muito superior ao capítulo da metodologia e da pura técnica. Quem procura me ler, e entender a base das técnicas que estão propostas, apenas dos métodos que são propostos, apenas na década de 1950, não teve altura suficiente para pescar a importância do que eu fiz no nível epistemológico e no nível da compreensão profunda e substitutiva do fenômeno da linguagem. É isso que eu acho que precisa ser visto.

Mas voltemos agora diretamente ao problema da alfabetização. Há pessoas que estudaram até com seriedade, outras sem muita seriedade a Emilia Ferreiro, por exemplo, e disseram: depois da Emilia, o Paulo Freire já era. Eu falei há um mês para 7 mil pessoas em Porto Alegre, junto com a minha filha, foi até uma coisa muito bonita. Ela é uma vygotskiana e uma piagetiana, mas é uma freireana, magdaleneana, ela é ela mesma. Até que me encantou, houve com ela debate público que a gente não tinha feito há muitos anos. Mas então há quem diga que Paulo Freire acabou porque ele centrava a alfabetização na pura palavra, quando estava equivocado porque tinha que se assentar na estrutura total do pensamento. Ora a minha resposta a isso, seria a seguinte: como é que Paulo se comportou e se comporta hoje e faz o fenômeno fantástico da linguagem? Qual é a compreensão social que Paulo Freire tem da linguagem? Segundo, qual é a compreensão que Paulo Freire tem do processo de conhecer, o que é conhecer para Paulo Freire e, portanto, o que é ensinar e o que é aprender? Responda essas perguntas e você vai ver que Paulo Freire continua e até vai passando e avançando sobre muita coisa que disse que continua dizendo, que é. Então, em segundo lugar, eu quero até admitir que eu tivesse parado só na palavra, o problema que se coloca hoje a quem faz alfabetização de adultos, não é de passar uma esponja em cima do que eu propus e que foi e continua válido no mundo todo, porque é possível que deu certo na Nicarágua, que deu certo em certas áreas da África. Desculpe a imodéstia, mas eu estou indo daqui vinte dias para América Central, para El Salvador, convidado pelos camponeses daquele país para receber uma homenagem pela contribuição que lhes dei. Haverá uma festa, uma procissão, uma passeata de camponeses para dizer "Puxa, a gente está fazendo isso porque te quer bem e a gente te quer bem porque a gente aprendeu contigo e por ti".

Agora na ECO/92 Rio, eu fui procurado por delegações de camponeses da África, da Ásia, e da Oceania e outras, que me abraçavam na rua, um chorava e dizia "obrigado pelo que você faz". Essas coisas não são gratuitas. Há qualquer algo que eu andei sugerindo que deu e dá certo, inclusive no campo da alfabetização.

Então o que se teria de fazer, não é primeiro decretar que eu já era e, segundo, que Emilia Ferreiro já era porque ela não é uma pedagoga, ela mesma disse, mas ela é uma grande investigadora, é uma grande buscadora, e tem achado coisas extraordinárias no campo da criação da linguagem. Você não pode amanhã, quando você descobrir algo que ela não descobriu hoje, dizer que ela já era, eu acho que quem está trabalhando com Emilia Ferreiro poderia dizer, "Puxa, mas o Paulo tem umas ações que a Emilia não tem, nem ela é obrigada a ter porque Paulo é muito mais político do que Emilia Ferreiro, Paulo é muito mais epistemologista do que Emilia, Paulo compreende melhor certos problemas da linguagem do que a Emilia". E terceiro, na verdade, nunca centrei alfabetização de adultos, nem de meninos, na palavra, nunca, quando eu falava e falo ainda, a palavra geradora que não fui eu quem inventou.

Eu não sei vocês que leram isso, que quiseram isso, eu vou só recapitular. Em primeiro lugar, eu propunha, e nem sempre se fez, que se discutisse a prática político-pedagógica com um grupo de analfabetos, que se discutisse nesse tempo com eles o conceito antropológico de cultura. Hoje eu vejo isso, quando olho para os anos de 1950 e me vejo propondo o que propus, sem saber as coisas que eu sei hoje, eu fico maravilhado, porque hoje, por exemplo, eu fiz uma fala para vocês de manhã e no comecinho da tarde sobre a questão da vida e da existência, que eu vou provavelmente retomar para a gente ver, que tem que ver com isso. Nos anos 1950 eu ainda não era capaz de ver o passo da vida pré-existente, muita gente já tinha dado esse passo no campo intelectual obviamente: Sartre,[31] Merleau-Ponty,[32] toda essa gente sabia muito bem isso, eu não, nem tinha lido Merleau-Ponty nos anos cinquenta, nem tinha lido Sartre nessa época, não sabia nem que diabo era isso. Hoje eu entendo muito bem e fico maravilhado como é que se tem de entender sem saber, sem saber em termos críticos, mas adivinhando, porque adivinhação faz parte do processo do saber, mas adivinhando que havia qualquer coisa, eu pensei na proposta ao camponês e ao operário urbano dos centros brasileiros dos anos cinquenta, naquela época,

---

[31] Paulo Freire faz aqui uma referência à obra *O ser e o nada,* de Jean-Paul Sartre (1905-1980, romancista, dramaturgo, filósofo existencialista francês, militante de esquerda para quem "estamos condenados a ser livres".

[32] Maurice Merleau-Ponty (1908-1961) psicólogo, filósofo fenomenólogo existencialista francês, professor nas Universidades de Lyon e Paris I. Fundou com Jean-Paul Sartre a revista *Les temps modernes.* Suas principais obras traduzidas para o português: *Fenomenologia da percepção.* São Paulo: Ed. Martins Fontes, 2018; e *As aventuras da dialética.* São Paulo: Ed. Martins Fontes, 2006.

mais necessário do que hoje. Mas hoje continua a ser necessário. Eu propunha a discussão do conceito antropológico de cultura e era perfeito, hoje eu vejo isso claro. O problema é que antes eu vi a metade, mas não via a razão de ser dessa metade. O problema é o seguinte: na medida em que o camponês e o operário urbano descobrem no debate, na discussão o que era aquilo que eu chamava de as dez codificações da codificação, e a codificação era uma expressão momentânea e conjuntural da realidade que fazia parte diretamente da experiência vital do camponês ou do operário urbano. Isso centrado na alfabetização já é um avanço extraordinário com relação ao que se fazia antes na alfabetização. Nada a ver com isso, as cartilhas, Eva viu a uva; não tinha nada a ver com cultura, com sociologia, com epistemologia, com linguística, nada, nada. Por fim mostrar ao camponês que, precisamente agora eu diria, porque ele existe, ele é capaz, e foi, e nós, os seres humanos, nos tornamos capazes mudando, mexendo, tocando, olhando o mundo que a gente não fez, a gente se tornou capaz de, fazendo isso, criar um mundo novo que é o mundo da cultura, e o mundo da história. E se é possível mudar este mundo natural, que a gente não fez, com a instrumentalização da tecnologia, com todos os riscos que há, por que, então, não é possível mudar o mundo do qual a gente é mesmo o autor?

E, agora chegamos aos sonhos. Sonham. Com o que sonham? Se sonham, não no sentido freudiano, como conversamos no mês de abril. Lembro-me agora que, por exemplo, nos anos 1980 houve uma primeira reação extraordinária de boias-frias. Houve uma primeira reação maravilhosa de natureza política. Uma rebeldia de boias frias em São Paulo, e a TV Globo interessou-se por uma razão qualquer e mandou uma repórter até o interior de São Paulo entrevistar. Não sei se alguém aqui, por acaso, se lembra do fato que eu vou contar. E a entrevistadora pegou uma das crianças boia-fria e fez uma pergunta a ela. A criança respondeu, não com ironia, mas a criança não entendeu a semântica. Veja bem: não entendeu a semântica da locutora, da repórter, e respondeu com a sua sintaxe. Mais uma vez a ida a Vygotsky, aos sociolinguistas atuais, aos psicolinguistas atuais — o pessoal de Campinas está muito bem nesses campos, mas tem também gente excelente dos Estados Unidos. Eu lembro que a repórter com o microfone na mão, olha o garoto, um menino de uns 12 anos, e pergunta: "Você sonha?" E põe o microfone na frente do menino, e aí veja só o choque entre as semânticas e as sintaxes, o menino responde de forma brilhantíssima: "Eu só tenho pesadelo". Entende isso? O poder, a força da linguagem expressando a realidade. Aí você vai a Vygotsky de novo: o pensamento, a linguagem e o mundo, e a realidade para analisar. É claro que quando a repórter pergunta ao menino: "Você sonha?", ela perguntou se ele sonha freudianamente falando, não se ele dorme e sonha. O sonho, de modo geral, não é coisa ruim. A espécie ruim de sonho é o pesadelo. E ele diz: "Não, porque eu só tenho pesadelo". E o pesadelo que ele tinha, nos sonhos dele, não era outra coisa senão o pesadelo enquanto expressão. No universo do sonho como expressão da materialidade malvada do concreto. Isso é uma coisa fantástica. O que eu também achei interessante é que a repórter não se tocou. Ela não sabe, sequer, o que aquele menino disse. A culpa também não é dela. Eu não estou fazendo nenhuma crítica a ela. Ela não era obrigada a ter essa formação científica. Não era para o seu trabalho. Mas o que não pode é um educador deixar passar isso.

É por isso que nós temos de formar melhor os educadores e as educadoras. Nós temos de nos formar também melhor para poder formar os educadores e as educadoras. É assim que eu vejo essa questão. É por isso que eu disse hoje de manhã que esses três momentos do nosso encontro estão muito bem entrosados.

Eu quero felicitar vocês que organizaram isso, porque não está havendo dicotomia aí. Há um tecido. Veja que, no fundo, o término disso, dessa questão, nos remete ao fim da primeira parte. Remete-nos a esta como uma das possibilidades de sonho, da compreensão do mundo da leitura. Que tal pararmos um pouquinho? É que intelectual trabalha. Essa coisa é gozada, mas às vezes eu penso que não é um cansaço não físico, porque, por exemplo, do ponto de vista de parte do meu corpo, se eu posso dicotomizá-lo, não tem nada. Eu estou com as pernas excelentes, o tórax, os braços, as mãos. Tudo bacana. Agora, a cabeça está exausta. Nós chamamos de cabeça, mas no fundo, é a capacidade de pensar e de falar. Isso está pifando. A impressão que eu tenho é que nós pifamos, falhamos, fracassamos um pouco, cansamos em certas experiências intelectuais. Não tanto por causa da experiência em si e nem tanto por causa do tema sobre o qual nós somos chamados a falar e, portanto, a pensar, mas por causa de certo clima emocional que se gera durante o processo, independentemente do querer de quem participa do encontro. No caso, seríamos nós. Para mim, isso significa uma coisa valorosa. Quando eu me canso desse jeito, vou profundamente feliz para casa, porque isso significa que o meu cansaço está na razão da interação afetiva que pôde se estabelecer entre mim e o grupo. Quando eu falo três, quatro horas e vou para casa disposto a falar mais três é porque a coisa não deu muito bem. Eu posso até ter falado bem, mas a coisa não andou como eu acho que é bom andar em termos de gente. É por isso que eu estou realmente cansado agora. Se eu tivesse de demorar muito ainda, eu teria dificuldade até.

A PEDAGOGIA DA ALEGRIA: OU DAS PAIXÕES E DA ALEGRIA NA ESCOLA COMO COMPONENTES DO FAZER EDUCATIVO

O tema geral é a compreensão do mundo da leitura e da escrita. Nós teríamos de compreender também o mundo sobre o qual a leitura e a escrita incidem. As considerações que eu gostaria de fazer a vocês têm a ver com a matriz vygotskyana e seriam as seguintes: primeira: é possível haver pensamento sem linguagem, mas não é possível haver linguagem sem pensamento. Segunda: você pode ter pensamento — no caso dos chamados surdos-mudos — sem a oralidade, mas você tem o pensamento. Não pode haver a linguagem sem pensamento. E ainda, considerando a teoria de Vygotsky, teríamos de dizer que não há pensamento-linguagem sem mundo, sem realidade, sem contexto. Isso então nos leva a uma afirmação que me agrada muito e com relação a qual nós, professoras e professores, não importa o nível em que trabalhemos, de modo geral esquecemos, que não é possível dicotomizar texto e contexto. Portanto, leitura da palavra, leitura do mundo.

Outra consideração para ser feita é de natureza histórica e muito remota e vai nos aproximando da proposta de pensamento, sobre o que eu tenho escrito muito, em entrevistas ou textos maiores — como nesse também, pequenino, que me deram agora para assinar *A Importância do Ato de Ler*. Esse livrinho foi traduzido nos Estados Unidos e criou um impacto muito grande lá entre linguistas e professores de língua inglesa, sócio e psicolinguistas, e uma associação internacional de leitura, que se chama International Reading Association, que há um ano e pouco me concedeu uma láurea, um negócio muito bonito, em Estocolmo, por causa desse livrinho. A importância que esse livrinho provocou. Isso aí, até em um parêntese, eu também queria dizer aos mais jovens, sobretudo, que estão aqui e que estarão depois, alguns e algumas, pelo menos, metidos em experiências como tu, universitária, de escrever dissertação, tese e etc. Há um mito, de modo geral, difundido, de que, ou as teses têm quatrocentas páginas, com um mínimo de trezentas, ou não prestam. Eu gostaria de dizer a vocês que algumas das coisas que eu escrevi e por causa das quais recebi prêmios internacionais, têm trinta, quarenta páginas. Não é, então, o tamanho. Segundo: um dos textos que continua hoje fundamental na filosofia atual, ainda, apesar de todo esse anúncio da morte definitiva de Marx, são as teses sobre Feuerbach, de Marx e Engels,[33] e que tem quatro páginas. Isso é considerado ainda um texto fundamental na filosofia. E eu digo, sobretudo aos mais jovens, não se preocupem tanto com o tamanhão da tese. Aí, começa a fazer dez citações e escreve uma linha mesmo do autor e depois escreve mais dez citações. Não. Vamos escrever uma citação e dez páginas minhas. Isso é o que tem de ser feito. Essa coisa de que vou falar agora, discuto nesse livrinho também e é a seguinte: a leitura da palavra sempre foi precedida e continua a ser precedida pela leitura do mundo. Historicamente foi assim também. Os animais que se transformaram historicamente nos bichos que somos nós, que

[33] As teses sobre Feuerbach é um escrito de Karl Marx datado de 1845, e publicado por Friedrich Engels em 1886 como apêndice da obra *Ludwig Feuerbach e o fim da filosofia clássica alemã*. Pode ser encontrado em português na obra de Marx e Engels: *A ideologia alemã*. São Paulo: Ed. Boitempo, 2007.

estamos sendo nós, primeiro mudaram o mundo. Eu até digo em linguagem figurada que primeiro "escreveram" o mundo, com aspas, querendo significar, com esse escrever, exatamente mudar o mundo. Depois de muito tempo de haverem começado a mudar o mundo, a transformar o mundo, a usar práticas que, transformando a realidade, geraram conhecimentos, geraram saberes incipientes sobre a realidade, depois de muito tempo fazendo isso, os bichos já parecidos conosco, homens e mulheres, ensaiaram as primeiras palavras com as quais deram nome às coisas que eles e elas fizeram. É interessante também observar como biblicamente dizer a palavra significa isso, entende? É interessante. Quando Deus diz ao homem — e eu acrescentaria "e à mulher" — "dá nome às coisas" ou "nomeia as coisas", Ele está dizendo: "transforma o mundo para que possa dar nome às coisas que tu criaste com a transformação do mundo". É impossível dar nome sem fazer. Entende? Você vê que é vygotskyano de novo. É impossível. Mesmo que, às vezes, o nome que você está dando implica um fazer que não foi seu individualmente. Daí a questão de que isso é social. Está claro, não é? Mas alguém, diluído no social, fez. Por isso que eu estou podendo, enquanto social e individual, individualmente, dar o nome. Mas a raiz, a razão de sê-lo, o que há de central é a sociabilidade deste fazer saber que não existiria só na individualidade. Para nomear é preciso fazer, é preciso mudar, é preciso transformar. Você vê que a linguagem, afinal de contas, termina também por assumir uma posição que não é apenas anunciativa, mas também é coincidentemente transformadora. É interessante ver como a linguagem pode também — e isso tem a ver com a leitura, como também ser a linguagem anunciadora — a linguagem que eu diria, o discurso que eu diria, que eu chamaria de discurso da possibilidade, ou linguagem da possibilidade, muito também ao gosto da grande escola do norte-americano Henry Giroux,[34] já traduzido para o Brasil. Muito ao gosto dele quando ele fala em linguagem ou discurso da possibilidade, que é um discurso pós-moderno e não moderno. É um discurso utópico no sentido não do irrealizável, mas o discurso que anuncia e, ao anunciar uma realidade diferente, predispõe o agente histórico ou o sujeito histórico da mudança a engajar-se no processo de criar essa realidade nova.

O discurso da possibilidade termina por tornar-se uma espécie de anúncio do que vem ainda quase realizado no discurso. Se eu tivesse dito isso, possivelmente, nos anos 1960 — porque eu disse certas coisas parecidas com isso e foram consideradas idealismo por certo tipo mecanicista de marxismo — hoje ninguém dirá mais que isso é idealismo. Essa compreensão dialética, processual, poderosa da linguagem enquanto não apenas transmissão de conhecimento e de comunicação, mas enquanto fazedora do conhecimento também, é uma coisa hoje cada vez mais aceita na linguística atual, moderna, e toda ela muito impregnada de Vygotsky. A importância de Vygotsky hoje é enorme, inclusive nos Estados Unidos. É absolutamente enorme. Em primeiro lugar, os seres humanos leram e continuam a ler o mundo antes de ler a palavra. Os sinais que variam, inclusive, de cultura para cultura, de natureza

[34] Henry Giroux, professor em diversas universidades norte-americanas e da McMaster University, em Hamilton, Ontário, Canadá. Giroux tem escrito sobre a pedagogia crítica, e a pedagogia radical, defendendo a natureza política da tarefa do pesquisador e do professor. Tem mais de cinquenta livros publicados, entre eles, temos em português: *Os professores como intelectuais – Rumo a uma pedagogia crítica da Aprendizagem*. Porto Alegre: Artes Médicas, 1997; *Escola crítica e política cultural*. São Paulo: Cortez/Autores Associados, 1992.

para natureza, mas que também são experiências vividas pelos outros animais que também leem o mundo porque entendem os certos sinais — o sinal de raiva do dono do cachorro, o sinal de medo do cara que chega, o sinal da chuva que chega com a trovoada. Os animais percebem isso, às vezes, com antecipação. A China andou explorando, anos atrás, a sensibilidade dos cães com relação a terremoto. Eles funcionavam, às vezes, com mais rapidez do que os sismógrafos. Eles adivinhavam o terremoto. Essa capacidade de ler o mundo, de interpretar, de compreender o mundo e de expressar na linguagem oral, precede à escrita, mas não a escrita enquanto transformação do mundo. Essa começa a mudar o mundo e gera outra. A leitura da palavra, que nós pronunciamos, começa a dar-se depois que nós grafamos a palavra que pronunciamos sobre o mundo que nós mudamos. Nós mudamos o mundo, damos nome à coisa que nós fizemos com o mundo que mudou, inventamos a palavra enquanto sinal gráfico e aí aprendemos a ler a palavra.

O processo da leitura da palavra, que é um processo social, e da escrita da palavra com sua dimensão individual, é precedido da leitura geral da realidade, da leitura geral do mundo. A tese central que eu defendo no campo da alfabetização do menino/a ou do adulto, mas sobretudo do adulto, é que a leitura da palavra, portanto, no processo de alfabetização, a leitura e a escrita — porque não pode haver uma coisa sem a outra — você não pode ler sem escrever e você não pode escrever sem ler.

Depois desta introdução, vamos discutir a alfabetização. Primeiro, alfabetizar adultos camponeses, por exemplo, homens e mulheres que trabalham de sol a sol sem ganhar praticamente nada. É ser enxotado da casa, do terreno que nós plantamos e eles colhem. Ser camponês é isso. Só definia ser camponês pela negatividade e se definia como homem pela inviabilidade de falar. No momento em que você propõe a esse homem e a essa mulher como uma nova percepção da relação ele/ela e mundo, que é possível mudar o mundo natural que ele/ela não fizeram, por que então não pode mudar o mundo da política, que é ele/ela que fazem? Eu via nos olhos das mulheres, dos homens, coisas lindas em todos os níveis, inclusive da criação artística. Eu nunca me esqueço de uma mulher que, em Brasília, olhando um pote de barro proposto como codificação, quando ela olhou aquilo na tela, ela deu um grito e disse: "Eu faço isso. Eu faço cultura". Quer dizer, a desmistificação de que cultura era apenas Beethoven e Bach, e mostrando que cultura é o produto de toda transformação do mundo pela mulher e o homem, e então a sua própria transformação, era um estalo na cabeça e no corpo. E nada disso se comenta quando se diz que Paulo Freire só era ou já era. Isso não está sequer em Vygotsky, mas está em Vygotsky. Isso não está explícito em Vygotsky, mas está implícito na sua concepção dialética da constituição da linguagem e da cultura. Como isso não está explícito na menina argentina, Emilia Ferreiro. Mas se você cascavilhar a obra de Emilia, tem de chegar a isso também. Só que ela não viu isso, mas eu vi.

O problema que se coloca hoje para mim é o seguinte: mesmo que Paulo só usasse a palavra, o problema agora era usar Paulo sem ser com palavra, ser com frase, porque deu certo e dá mesmo. E o que eu quero dizer, que eu não fiquei só no nível da palavra, é que quando eu propunha um debate sobre a cultura, havia muitas sessões em que era estimulada a linguagem oral. A oralidade. O debate é fundamental para que se exercite a oralidade, por duas razões: a primeira, mais imediata, de natureza sociológica, é que a cultura brasileira é ainda preponderantemente de memória oral. Nós escrevemos pouco nesse país e lemos menos ainda. Ou seja: vejam vocês que pelos índices estatísticos, um autor como eu é considerado um *best-seller*, um vendedor de livros porque vende 3 mil exemplares de uma edição em alguns meses. Três mil exemplares. Nenhum editor publica livro de gente jovem, nova, desconhecida com mais de 1.500 exemplares ou 2 mil e o país tem 120 milhões, ou 150 milhões de pessoas. Só na cidade de São Paulo se devia vender 1 milhão de livros em um bairro, em uma cidade com 12 milhões de habitantes. Pois é em São Paulo mesmo que o meu livro tem 3 mil exemplares e o editor sabe que vai vender. Vivem todos eles me pedindo livro por isso. Sabem que vai vender. Onde já se viu? Três mil exemplares? Primeiro: claro, a situação econômica do país. Dizem que o livro está ficando cada vez mais caro. O sujeito não compra. Nem os que leem. Segundo: não há o gosto e nem a necessidade da leitura e não se inventa a necessidade. Essa é uma razão. Segunda razão — de natureza, agora, mais científico-linguística: é que não é possível dicotomizar o oral do gráfico. Não pode. Um dos pecados da escola brasileira, por exemplo, eu vou fazer um parêntese para dizer logo uma história; eu fico espantado quando uma pessoa já no mestrado ou no doutoramento diz a mim: "Não sei escrever". Eu tenho vontade de dizer: "Como tu falas 'não sei escrever'?". É que a nossa escola, entre um milhão de dicotomias, tem essa a mais.

A pedagogia brasileira vem se caracterizando pelo milagre de dicotomizar os indicotomizáveis. Prática de teoria, trabalho manual de trabalho intelectual, ensinar e aprender, pensar e falar, falar e escrever, escrever e pensar. A escola brasileira separa tudo isso. Eu já ouvi educador dizer: "Ele fala muito bem, mas escreve péssimo". Não pode. Qualquer coisa disso está errada. Nós todos andamos errados, porque um bando de nós fala melhor do que escreve mesmo, precisamente pela cultura oral que nós somos ainda.

Essa era outra razão que eu, na década de 1950, já chamava a atenção e dizia: "A experiência de alfabetização do adulto ou do menino deve repousar intensamente no exercício da sua oralidade". Quer dizer que ele já tinha a palavra, mas não deixar que ele a perdesse, agora iluminado pelo fascínio da palavra escrita que mitifica a palavra. Então, os debates todos, a proposta que eu fazia, por exemplo, das codificações dentro das quais haveria a palavra geradora. Eu não propus que se partisse de "janela" (palavra geradora), de trabalho, disso e daquilo. Eu propus que se partisse da situação histórico-sociológica e linguística — janela. E qual é a situação histórica, sociológica, político-ideológica, linguística da janela? É isso que se precisa saber. Como é que janela e em que nível janela, sendo palavra geradora, é tema gerador? Uma coisa é a janela em uma cidade de interior do Nordeste em que as virgens ficam de cotovelo cansado olhando para ver se passa o príncipe, em que as senhoras mais idosas ficam no cochicho e na fofoca. Outra coisa é a janela nos centros urbanos que passa todo tempo fechada com medo de ladrão. Há toda uma sociologia e uma história em torno das janelas. Eu não propunha a palavra em si, mas a palavra na sua relação com outras palavras na constituição sintática e semântica da linguagem. Era isso. Eu acho que não tenho culpa que as perguntas que vocês fazem são muito boas e aí me provocam uma outra conferência.

Eu na verdade não aprendi jamais a responder a nenhuma pergunta sim ou não, porque simplesmente acho que pensando dialeticamente como eu penso, não existe isso. Não existe nenhuma pergunta a que eu possa dizer "sim" ou "não", porque há um "talvez" no meio. Pode ser que seja, pode ser que não. Mas, agora, para concluir, eu diria: eu sou hoje mais radical do que antes. Nunca sectário. Nunca, mas radical. Eu vou às raízes das coisas. Você, que diante de mim, é uma menina, pode fazer essa pergunta já impondo o medo: "Paulo, você acha que vai mudando um pouco, por ficar velho? Vai perdendo a sexualidade". Eu digo: "Não vai nada". Depende. Pode ser que vá. Mas eu acho e estou certo de que, para ir perdendo, ou você exclui as possibilidades de uma infecção, de uma coisa qualquer que te fez mal, diabólico, depende, o resto é de você mesmo. É da vontade que tu tens de continuar viva. E é isso. Eu não sou só uma gente. Eu sou um homem a procura de ser todo dia e profundamente amoroso da vida. É isso.

Se eu exercito em mim o direito legítimo de me encantar, eu não me encanto só pela mulher, porque eu me encantei por ela, porque antes dela me encantei pela vida mesma, pela vida que eu transformei em existência, mas eu não quero que a existência me negue. É isso. Para fechar definitivamente agora a sua pergunta, eu diria: "Eu sou hoje o mesmo Paulo, mas mudando porque tinha de mudar", felizmente. Mas eu sou o mesmo cara amoroso, o mesmo cara consciente do limite dele, da sua imperfeição, do seu inacabamento, da sua incompetência. Por isso que sou capaz de ficar mais competente. É porque eu reconheço a incompetência. E acho que dei uma contribuição, mas que ela não parou. Hoje eu marcho cada vez mais para uma análise da educação enquanto teoria do conhecimento. Inclusive, nesse debate público que eu tive com a minha filha, uma das minhas grandes alegrias é que fazia anos que não nos encontrávamos em público, só no nível afetivo. Era um debate comigo e com ela, em que ela falou primeiro e eu achei fantástico, porque a trajetória dela sendo ela e dela, é igualzinha à minha. Isso é uma coisa incrível. Deve haver algum negócio de genética no meio, porque, no fundo, ela parte fantasticamente da educação infantil, da alfabetização, se entranha no Piaget, se entranha no Vygotsky, nela mesma, produz com Emilia Ferreiro — existe uma relação pessoal — e no mês passado a exposição dela era toda uma peça epistemológica, exatamente como eu faço. A história é dela. A história individual é dela, com interferência dos outros e inclusive minha também, como pai. É isso. Eu acho que satisfaz, porque a sua pergunta foi uma pergunta que também já tinha essas respostas.

Estou vendo diversas perguntas. Vou procurar respondê-las em bloco, pois têm a ver com uma visão geral das questões educacionais.

A questão do padrão, chamado "padrão culto". Em primeiro lugar, eu acho que, quando se diz a expressão "padrão culto", antes até de saber o que diabos é o "padrão culto", nós deveríamos nos perguntar: quem disse que há um padrão culto? Eu acho que uma boa coisa para nós, como gente, porque, afinal de contas, nós viramos essa gente que estamos sendo, porque, entre outras coisas, inventando a linguagem, nós aprendemos a perguntar. É por isso que nenhum governo despótico resistiria se um dia, pela manhã, 50 milhões de pessoas começassem a perguntar "por quê?". Tinha de matar os 50 milhões. O problema é mobilizar a turma para fazer. É um pouco a história do Mahatma Gandhi.[35] Quando nós

[35] Mahatma Gandhi, ou Mohandas Karamchand Gandhi (1869-1948), um dos mais importantes líderes do movimento de independência da Índia do jugo britânico. Difusor da ideia da não violência e da desobediência civil, de John Locke. Morreu assassinado em Nova Delhi, capital da Índia em 1948. Obra em português: *História da minha vida ou das minhas experiências com a verdade*. Lisboa: Edições Atlante, 1943.

nos indagamos quem decretou que isso é o padrão culto, nós chegamos necessariamente à questão das classes sociais novamente. Nós chegamos necessariamente à questão do poder. E não há como negar a relação fantástica entre linguagem e poder. O poder enquanto perfilhador dos padrões de linguagem e o poder contido na própria linguagem, ou o poder que se apodera da linguagem e que faz a linguagem instrumento dele. A origem da gramática é necessariamente essa. É a disciplina em favor da classe dominante. A disciplina do discurso em favor da classe dominante. Ora, quem tem poder é quem perfilha quem não tem. Você já reparou que até o pai e a mãe são quem dão o nome ao filho. Não é o filho quem dá nome ao pai e à mãe. Nenhum pai poderia fazer a experiência democrática de dar um nome provisório ao filho para o filho depois escolher. Mas quem perfilha é quem tem poder e quem não tem é perfilhado. Em síntese, por exemplo, a revolução se dá quando o antigo perfilhado perfilha o antigo perfilhador. E para fazer isso, o antigo perfilhado toma o poder da mão do antigo perfilhador. É um deslocamento das posições de classe. Ora, a classe dominante estabelece que o padrão culto da nossa língua é esse que está aí que nós estamos falando o dia inteiro, com as colocações certinhas dos pronomes, com o verbo concordando com o sujeito, adjetivo com substantivo e tudo nos seus lugares. Com a prosódia, com a semântica correta, a sintaxe enquanto estrutura de pensamento. Saiu disso aí, não pode.

Aliás, eu queria chamar a atenção de vocês para uma coisa: por exemplo, se vocês prestarem atenção a um programa de televisão de noite, em qualquer dia — não importa, pode ser hoje, pode ter sido ontem, poderá ser amanhã. Liga a televisão em entrevista de políticos ou de industriais e ministros, com ligeiras exceções. Entre elas, o presidente da república. O presidente Collor tem um discurso articulado. Eu não concordo com o discurso dele. Isso é outra coisa. Eu estou dando aqui um exemplo de um sujeito que fala de acordo com a sintaxe do chamado "padrão culto" com outro desvio que qualquer um de nós comete, mas ele estudou e aprendeu bem esse negócio no ginásio. Mas alguns outros também. O ministro da educação, um físico, José Goldemberg, fala com a absoluta correção sintática. Pode ser que haja mais. Mas a partir daí você começa a ver ministros, esse e aquele outro, que dizem disparates em termos de concordância, por exemplo.

Eu pago a vocês o meu ordenado se uma ou um de vocês me der o exemplo de que um deles, por exemplo, disse "pobrema". Nenhum. Pode dizer esse aí é até um homem de formação popular e então disse "mexível", e todo mundo fez gozação dele, por classe. Quando o Rogério Magri disse "imexível" o resto fez gozação com ele, inclusive a mídia, por preconceito de classe social. Da mesma forma como ele foi muito acusado com aquela história dos 30 mil dólares, que é uma bagatela. Você já imaginou? O fato é o seguinte: nenhum deles disse ainda, que eu ouvisse, "pobrema". A minha hipótese é a seguinte: é a de que uma pessoa do chamado mundo perfilhador se admite erros de sintaxe, de concordância, disso e daquele outro, que, porém, ao serem cometidos, não os aproxima da classe popular e têm uma vigilância extraordinária, quase instintiva, no sentido de não incorrer a nenhum defeito prosódico que os aproxime da classe popular. Dizer, por exemplo, "Se a festa acabar-se mais tarde" é um desgosto horrível. O estético aí está lá no inferno, mas o cara se admite dizer. Isso é um erro do ponto de vista do chamado "padrão culto". É um erro crasso.

Você não pode usar ênclise com o verbo no futuro do subjuntivo e esse verbo "acabar" está no futuro do subjuntivo, então não pode ser enclítico o pronome. Tem de ser proclítico ao verbo. "E se acabar". Mas o ministro pode dizer o "se acabar-se". Ninguém diz nada e ele tampouco. Mas ele não pode, porque ele, dizendo isso, não se aproxima do povo. O povo não diz "se acabar-se", mas "pobrema" o povo diz. E se ele disser "pobrema" ele fica igual. De novo, classe social. Preconceito de classe na expressão da linguagem. Voltando à coisa do padrão, quem definiu que essa sintaxe nossa é do padrão culto foi a classe dominante, a serviço de quem nós estamos. Reagindo, brigando. Por isso que nós somos considerados traidores da classe dominante. Às vezes não.

Que posição então tem um cara progressista e democrata, uma pessoa, diante do padrão culto e do padrão não chamado inculto por uma questão de vergonha. A classe dominante diz "padrão culto" como se não houvesse outro padrão. Para haver um culto, tem de haver um que não é culto, senão não se conhece o culto. Uma coisa se conhece não por ela, mas pelo contrário dela. Eu me conheço não por mim, mas por causa de ti. Eu estou particularizando a generalidade. A massa popular é essa que possui o padrão inculto. O que eu posso fazer agora, como um professor progressista? Devo meter na cabeça da massa popular que ela não pode e nem deve querer o padrão chamado culto porque seria uma alienação? Não. Eu acho que isso é uma estupidez política. Eu acho que isso é um erro científico. Eu acho que isso não tem nada a ver com o progresso. Mas qual é, então, a minha posição correta? A minha. Não é necessariamente a de todo mundo. A minha é a seguinte: as crianças populares, a massa popular, o povão, precisa do saber.

E o padrão culto é da classe dominante, mas a massa popular, a classe popular, precisa também, primeiro: pôr de lado qualquer possibilidade de autodesvalia por causa de sua linguagem e de seu discurso. Reconhecer que sua linguagem é tão bonita e às vezes mais bonita do que a linguagem do chamado "padrão culto". Segundo: não é só bonita, mas que sua linguagem e seu discurso também têm gramática. Há uma razão gramatical para quando a massa diz, para quando Lula diz "menas verdade". Não há dúvida que há uma razão. Há uma concordância de "menas gente". Do "menas" com "gente". Há uma lógica interna no discurso popular como há no nosso, indiscutivelmente. Qual é mais bonito? Ninguém tem o direito de dizer. Pode, pessoalmente, achar mais bonito. Eu mesmo acho uma coisa meio bonita dizer "a gente cheguemos". Por que não é bonito? E com lógica, também. Por exemplo: os acadêmicos de Oxford dizem "o povo eram", em inglês. Lá o errado é dizer "o povo é". Aqui o errado é dizer "o povo são", mas o inglês tem muito mais razão de dizer "the people are" do que nós temos de dizer "o povo era", porque a concordância se dá aí não com o vocábulo, mas com a semântica do vocábulo. A sintaxe não pode ser dicotomizada da semântica. Não há uma sem a outra.

Ou melhor, o verbo, no caso do inglês, concorda é com a semântica do substantivo e não com a morfologia do substantivo, como aqui. Entende? Quer dizer que esses argumentos não são argumentos, porque a gente está falando de desmanchá-los aqui sem muita preocupação, mas o povo precisa saber dessas coisas. Então, foi isso que eu fiz como secretário. Não disse louquissimamente que a massa popular não precisa falar correto, do ponto de vista da classe dominante. Minha posição é essa: é que o povo precisa dominar a sintaxe dominante para, primeiro, sobreviver menos dificilmente. Porque quanto mais a menina e o menino populares falem de acordo com as regras chamadas de classe, tanto menos dificuldade terão para conseguir emprego. Segundo argumento, é preciso dominar a sintaxe dominante para poder melhor brigar contra as injustiças. Não para bater no peito, feliz e dizer: "linguagem bonita mesmo é essa do doutor"; não, não é para isso. É para dizer: "agora, sabendo que não posso nem devo dizer se ele ver", como muita gente de industrial diz, "se ele ver", professor também, universitário, eu já ouvi dizendo ver. E não existe, simplesmente não existe, "se ele ver" em português. Em português o que existe é: "se ele vir", porque esse é que é o futuro do subjuntivo do verbo ver. Ver, V-E-R, é infinitivo. No futuro do subjuntivo é vir. Se eu vir, se tu vires, se ele vir. O povão diz: "se ver", "se tu ver", "se tu ver Pedro". Mas antes ele precisa saber que ele precisa dizer: "se tu vires Pedro", para poder brigar melhor contra o patrão que o explora. A razão, então, de dominar o padrão culto não é só de ordem sintática, mas é, sobretudo, de ordem política. Essa é a minha resposta a essa questão. Quer dizer, tão rapidamente quanto possível, ensinar bem aos meninos e às meninas populares o chamado "padrão culto", mas advertindo-os disso aí, de que sua fala é bonita também.

Tem mais perguntas aí. Não tem uma pergunta só, tem umas cinco às vezes em uma só. Eu me espantei contando aqui enquanto tu fazias. Aliás, isso eu acho uma coisa formidável, quer dizer, é isso que a escola não estimula entre nós. Mesmo porque para cada professor, numa sala de aula, por exemplo, se isso aqui fosse uma sala de aula, para um professor ou professora, não importa de que, aceitar a tua indagação, o teu discurso perguntador, o teu discurso cheio de inquietação, de quem está feliz na insatisfação, para que essa professora hipotética ou esse professor não apenas te respeite no direito de levantares e fazer essa pergunta, é preciso, sobretudo, que essa professora ou esse professor aceite entrar na dinâmica da tua angústia criadora. E entrar nessa dinâmica implica uma responsabilidade de natureza científica e epistemológica que a professora nem sempre quer, nem o professor. O que o cara está querendo é que dê 17h30 para ele terminar a aula e ir embora. E não continuar contigo e os outros, dizendo: "Puxa, agora tu me provocaste, eu quero pensar mais, eu também não sei o que fazer do rol de perguntas que tu colocas, mas uma coisa me diz que existem possibilidades de responder". Quer dizer, isso não está em regra ocorrendo, há exceções. Obviamente que no universo pedagógico brasileiro, não há dúvida nenhuma que tu encontras aqui e acolá uma professora universitária, um professor universitário que seja capaz de encarnar a pergunta e de não ficar apenas metido ou metida num livro, mas na vida, procurando a resposta. Eu vou tentar ser um pouco esse professor de quem eu falo e que, lamentavelmente, existem poucos. E tocar pelo menos em uma ou duas das tuas inquietações.

Eu acho, em primeiro lugar, muito inteligente uma coisa que você disse aí, e muito correta, que há uma tendência nossa de, e a academia está cheia disso, pensando a questão da paixão, das emoções, e fechar tudo isso numa espécie, assim, de capítulo do corpo que é a herança de quando o corpo era só o outro animal. É como se essas coisas fossem certo pagamento que a gente teria que fazer à vida quando inventou a existência, entende? É como se eu tivesse de pagar pelo fato de que, em vida, como animal, eu tinha mais essa valentia vital, esse arrojo vital e agora eu trouxe isso para o campo da existência e pago.

Não, eu concordo contigo, não é não, isso faz parte é da existência humana mesma. Pelo contrário, isso até é a prova de que a existência não se estragou logo enquanto vida. É que ela foi capaz de manter. O estrago da existência está é na recusa disso. Do ponto de vista da compreensão do mundo, do ponto de vista da capacidade de saber. E é por isso que eu insisto tanto quando digo: "Eu conheço com meu corpo inteiro". Inteiro. Eu não compartimentalizo o meu corpo. Segundo, eu não tenho dúvida nenhuma de que ao lado de outra gente, inclusive, bacanérrima que discutiu o corpo, que pensou o corpo, eu estou absolutamente certo quando eu giro em torno do corpo para poder entender o mundo e entender a educação.

Ainda ontem, almoçando com uma outra filha, eu, Nita e ela que também está metida no mesmo campo da Madalena, é uma vygotskyana cada vez mais profunda, e também piagetiana, os mesmos endereços, as mesmas estradas da Madalena, e ela me dizia: "Meu pai, eu tenho conversado com gentes e outro dia tive um testemunho muito interessante com gente muito próxima de mim", disse assim, "Uma cirurgia umbilical numa criança, quer dizer, que tocou no umbigo da criança desmantelou o senso de equilíbrio do corpo". Ela não estava fazendo nenhuma afirmação de natureza científica, estava fazendo conjecturas. Quer dizer, a gente tem um treco aqui no ouvido interno, interior, que se chama labirinto, que tem uma responsabilidade com relação ao equilíbrio do corpo quando anda. Mas possivelmente o grande equilíbrio não físico do passo a passo, de mover uma perna para um canto, para o outro, muito mais o equilíbrio da existência, esteja ligado ao umbigo mesmo. Por N razões, inclusive, pela própria gestação. Quer dizer, nós somos alimentados nove meses no útero de nossas mães através do cordão umbilical. Quer dizer, há um pouco de centro do mundo no umbigo da pessoa.

Apagar o umbigo seria talvez uma forma de apagar... eu não quero nem falar alto porque os dominadores podem passar a fazer operações de umbigo nos dominados, mas indiscutivelmente essas coisas existem. E desconhecer ou recusar a possibilidade de emocionar-se, de sensibilizar-se e de apaixonar-se para que não se ponha a perder a rigorosidade e a objetividade da busca, eu acho isso uma idiotice. Quer dizer, eu acho isso castrar, por exemplo, a possibilidade da alegria na busca do conhecimento, o que é também cientificamente um absurdo. Isso é anular o gosto estético na criação. O momento do prazer no ato criador. Isso é negar a própria existência humana. Há um pedagogo vivo, bem mais velho, bem não, possivelmente mais velho do que eu um pouco, famoso, de formação marxista, francês, não me vem o nome dele agora, mas muito conhecido. Que escreveu no mínimo duas obras sobre alegria e escola. Lembrei: Georges Snyders.[36] Há um mês e pouco eu falei com ele pelo telefone. Bem, saiu um livro meu, que está por aí, *A Educação na Cidade*, saiu em Paris esse livro, em dezembro passado, e o Snyders leu e mandou, então, um livro novo dele, que é um segundo livro sobre alegria e escola. Agora é o livro que ele publicou, é alegria nas histórias, dentro da escola. Uma coisa linda, um poema. E ele me fez uma carta muito bonita, falando muito desse livro e mandando o

[36] Georges Snyders (1917-2011). Foi professor de ciências da educação na Universidade de Paris. Seus escritos tratam em particular da alegria de aprender. Criou a expressão "pedagogia progressista". Entre suas principais obras traduzidas para o português, podemos destacar: *A alegria na escola*. São Paulo. Ed. Manole, 1988; *Pedagogia progressista*. Coimbra: Ed. Almedina, 1974; *Escola, classe e luta de classes*. São Paulo: Ed. Centauro, 2005.

exemplar do dele, novo. Quando eu estive em Genebra logo depois para uma conferência da ONU, então eu falei com ele por telefone e ele ficou muito feliz porque eu disse: "Olha, seu livro vai ser traduzido para o brasileiro, para o português" e ele ficou contentíssimo, e depois eu falei com o editor, o editor escreveu diretamente a ele. Então, o livro está sendo traduzido pela Paz e Terra.

Mas o Snyders, que não se pode dizer que é um irresponsável, é um espontaneísta, mas a obra dele toda defende uma grande rigorosidade e às vezes até ele se inclina muito, e no que eu estou dizendo não há nenhuma crítica negativa, há uma constatação, ele se inclina corretamente para o reconhecimento de certos valores da pedagogia tradicional, como, por exemplo, o uso na pedagogia tradicional, ou a importância do papel do modelo que a escola tradicional e as chamadas escolas novas construíram. Quer dizer, ninguém pode acusar o Snyders de espontaneísta, disso ou daquilo. Quer dizer, ele é um homem, e é um dos maiores. Eu diria que o Snyders é um dos dez maiores educadores do século. Não apenas da França. E, no entanto, ele defende a alegria, ele defende o gozo da alegria, o direito ao gozo. Mas isso é óbvio, tem que ser feito por nós, uma sociedade que gera uma civilização que detesta o gozo, não tem direito a sobreviver como gente e nem como bicho. E nem como árvore. Talvez como pedra. Agora, a questão que se coloca, eu acho, é como você mostrar que o prazer não é necessariamente pouco sério, nem pouco rigoroso.

É preciso desmantelar o mito segundo o qual há uma associação necessária entre alegria e irresponsabilidade. Eu diria agora, entre alegria e disponibilidade de fim de semana. Não é. O que a gente tem que fazer é trazer para dentro do universo da seriedade científica a alegria do fim de semana, é isso que a gente tem que fazer, e não levar para os fins de semana a rigorosidade das pesquisas científicas. Está entendendo? Porque aí você terminaria enfeiando os fins de semana. Mas tem que trazer para dentro do laboratório a alegria que pula, que saltita, com o achado. Puxa, mas há momento de maior contentamento do que aquele em que você acha o que você procurava, ou que você acha o que não procurava? E ao achar o que não procurava você termina descobrindo a necessidade de achar mais? E você aceita com humildade que nem tudo que se acha estava sendo buscado. E se não estava sendo buscado nem tudo que se acha é porque havia uma má orientação na busca também. E isso, para mim, deveria dar ao cientista uma maior humildade, às vezes não dá, ele até diz: "Não, eu sempre desconfiei que tinha". Não diz desconfiado, desconfiado digo eu, porque o cientista que diz desconfiado não é mais cientista.

Você já imaginou que coisa mais ridícula? Agora, os grandes cientistas, não. Quer dizer, esses não vivem com essas coisas ridículas. Eu agora, por exemplo, perdi, porque tenho 70 anos, eles existem realmente. Mas eu tenho 25, tenho 25 de alegria, de capacidade de amar, de força espiritual. Tenho 25 quando eu passo dez horas na minha biblioteca e fico só com o corpo cansado, mas não com a vontade de continuar procurando. Quer dizer, às vezes Nita tem que me levar quase carregado para o quarto, descansar. Mas estar ali, isso não cansa. Eu canso se tiver que subir quatro andares sem elevador. Claro, não estou treinado para isso. Então, agora eu perdi uma reunião que eu considerava uma coisa extraordinária, dez caras do mundo, escolhidos assim, na Austrália, entre eles um dos maiores físicos atuais, que é o Paul Davies e tem uma série de obras fantásticas. Uma delas é

Deus é a Nova Física, livro que já citei nesse encontro. E a gente ia passar cinco dias na Austrália, pensando o pensar. O que é isso? O que é pensar? Mas eu tive que desistir, as distâncias muito grandes são cansativas. O silêncio é às vezes alvoroçado, o silêncio faz barulho também, depende da natureza do seu silêncio, da força do seu silêncio. E nós íamos passar uns dias pensando o que é pensar, eu disse: "Vão sem mim". Eu não tenho dúvida nenhuma, pela lista que eu recebi dos caras, é gente que não está matando a emoção, não está com medo dos sentimentos, entende? E, portanto, que não recusa a alegria. Então, minhas amigas e meus amigos, essa é uma afirmação que eu lhes faço sem nenhuma preocupação de pedir a um matemático que possivelmente possa fazer também, de mostrar matematicamente o direito e a necessidade da alegria. É possível que possa fazer isso até matematicamente.

Tu falaste mais umas duas ou três coisas muito importantes, mas agora acontece que eu estou começando a cansar. Quer dizer, a alegria de estar batendo papo também cansa. Cansa. Mas, a mesa está me dizendo que tem uma questão dos especialistas. Eu acho que todos e todas somos educadores, educadoras. Agora, enquanto educador ou educadora, eu reconheço que uma de nós, um de nós pode ter mais o gosto, por exemplo, de se centrar, sem perder a visão da totalidade, de se centrar na prática de orientar. Mas por que não fazer? Quer dizer, como é então que eu lido com um grupo de dez, de quinze companheiras ou companheiros? E como é que eu aprendo a fazer um trabalho de formação, por exemplo? A formação docente. O que é isso? Agora, eu tenho cá as minhas dúvidas de que essas coisas constituem ramos e se constituem ramos que fazem com que eu me esqueça da base, que é pedagógica, em que eu me situo, eu acho que estão fazendo mal a mim. Quer dizer, qualquer coisa que estreite a gente e, sobretudo, no campo político, eu acho que também ocorre isso. Então, se eu não me ponho numa posição de oposição, fico nas minhas dúvidas em torno disso.

Você tem uma pergunta para fazer?

"Bem, eu sou o professor Manfio, trabalho na Secretaria do Estado da Educação. Não vou fazer uma pergunta, porque o Paulo Freire já acusou certa estafa, irei respeitá-lo, assim, no seu direito de descanso. Paulo, eu queria trazer ao senhor as homenagens do secretário de educação, professor Elias Abraão, que tem uma profunda admiração pela sua obra, pela sua pessoa, pelo seu pensamento. Em segundo lugar, dizer ao senhor que andando pelo entorno do Estado, a gente colhe inúmeros testemunhos vivos de quanto os professores do Paraná o estimam e lhe querem bem. Em terceiro lugar, dizer também ao senhor que uma das nossas principais estratégias de ação na Secretaria de Educação é ajudar as escolas a terem o seu próprio rosto, a sua própria face. A nossa meta e o nosso lema, inclusive, que o mote é cada escola com a sua cara, como seu rosto. E dizer ao senhor que os seus trabalhos, a sua experiência estão nos ajudando enormemente em colocar a embocadura desta reflexão".

Eu quero deixar o meu grande abraço, de novo, para vocês. Dois meses atrás, eu pensava que era difícil repetir aquela boniteza, e hoje eu venho aqui e é a mesma coisa. Curitiba é uma fábrica de beleza.

PARTE II

PALESTRA PROFERIDA POR PAULO FREIRE NO SEMINÁRIO "SOCIEDADE EM BUSCA DE UMA PRÁXIS TRANSFORMADORA" (JUNHO E NOVEMBRO DE 1987), REALIZADO EM MACEIÓ (AL) PELA UNIVERSIDADE FEDERAL DE ALAGOAS

Gostaria de começar este encontro, nesta manhã, dizendo, em primeiro lugar, da satisfação que isto representa para mim.

Sou um homem do Recife e é, exatamente, a minha recifensidade que me faz pernambucano; e é a minha pernambucanidade que me faz nordestino; e é a minha nordestinidade que me faz brasileiro; e é a minha brasilidade que me faz latino-americano; e é a minha latino-americanidade que me faz um homem do mundo. Ontem à noite, eu dizia, aos amigos que me esperavam, que sobrevoar o Nordeste é, sempre, para mim, uma experiência de inteligência, eu me sinto mais inteligente. Pode ser até que não seja muito, nessa fala de hoje, mas, o "ar do nordeste", o carinho nordestino. Ontem encontrei, no quarto do hotel, quando a porta se abriu, de um lado, o cheiro intenso; eu encontrei o cheiro, eu não senti, de frutas, num balaio muito bem arrumado, de frutas, com um cartão de boas-vindas da Universidade. Esse gesto me toca.

Então, eu dizia que, hoje, é uma alegria grande, é uma satisfação grande. E eu me lembro de que quando recebi o telefonema, a consulta em tomo de se eu podia vir a esta Universidade, nos começos de junho, eu me lembro de que vivia um momento bastante dramático de minha vida, do qual não saí, e eu aceitei vir.

Naquela hora disse: "sim" por duas razões. Primeiro, porque precisava começar a me reinventar tão mais depressa quanto eu pudesse; precisava me recriar depois da morte de Elza. Eu não podia continuar. Eu sou e já não sou o homem que fui até outubro do ano passado, e precisava, na verdade, na medida em que eu optei por continuar vivo, eu precisava, então, reconstruir a forma como eu vinha vivendo, para fazer uma vida nova, uma vida diferente que, no fundo, repete em grande medida a vida anterior. Então, vir aqui, aceitar vir aqui, também fazia parte do meu tratamento, do tratamento da minha existência, da minha reconstrução. E, nesse sentido, vocês participam da recriação da minha vida.

Em segundo lugar, e até meio simbólico isso, a Elza não conhecia Maceió. E eu gostaria de ter vindo com a Elza aqui, mas não deu; porque dezesseis anos nos obrigaram a viver longe do Brasil. Então, eu vim uma vez depois que voltamos, e não deu para trazer a Elza. E, hoje, é como se, misteriosamente, eu estivesse com ela nesta festa.

Vamos ver, agora, depois dessa introdução, que eu considerava um dever meu e até uma psicoterapia, porque, quanto mais eu falo da minha dor, tanto mais a minha dor se amacia, e eu faço uma psicoterapia gratuita, porque sou eu mesmo o psicoterapeuta, de maneira que isso faz parte do meu tratamento.

Vejam bem, meus amigos e minhas amigas: eu sou um professor; eu sou um educador.

A minha vida tem sido toda dirigida, dedicada a uma prática pedagógica e a uma reflexão pedagógica, e hoje, chego a Alagoas, a Maceió, e me surpreendo, naturalmente com satisfação me surpreendo, diante de uma multidão como esta, de gente moça, de gente madura, de gente curiosa. O que quero dizer? O que eu devo dizer? E agora, neste momento mesmo eu me pergunto sobre o que falar, um pouco, a vocês. Eu me proponho colocar algumas reflexões em tomo do que eu acho que a prática educativa é, e pode ser. Não necessariamente do que ela está sendo, mas, do que ela deveria ser.

Eu já estava dizendo à nova reitora desta Universidade, que a partir de novembro eu prometo voltar aqui, até para demorar um pouco mais. Mas vamos ver se eu posso falar, hoje, pelo menos, um pouco.

Bem, o que eu queria propor a vocês, como se eu estivesse no meu escritório de trabalho, em casa, em São Paulo, pensando, refletindo, no meu silêncio, sobre o que me faz dizer que um certo tipo de prática chama-se prática educativa; quer dizer, o que eu vou querer fazer aqui, agora, nesta manhã, é tentar uma compreensão da prática, que eu chamo de compreensão crítica da prática educativa.

Então, pensemos agora, por um momento, cada um de nós, aqui, no que é que ocorre quando, numa certa sala de uma escola, não importa se a sala da escola é uma sala de uma pré-escola; não importa se a sala é uma sala de uma escola de 1° ou de 2°grau, ou universitária, ainda, de pós-graduação, não importa. Pensemos o que ocorre quando pais, portanto pai e mãe, filha e filho, se reúnem e se encontram, diariamente dentro de casa, na vida, na experiência do lar, que é um contexto distinto do contexto anterior, que é o contexto da escola. Em ambos estes contextos a prática educativa se dá, mas, no contexto escolar ela tem uma natureza que a distingue da prática educativa que se dá, também, no contexto da família. Vou deixar de lado a análise do contexto da família e tentar apreender, surpreender a prática educativa, dando-se na sala de uma escola.

Em primeiro lugar, a própria experiência da gente, desde quando a gente era menino, ou melhor, desde quando éramos meninos ou meninas, até hoje, quer como aluno ou aluna, quer como professor ou professora, é inviável a existência de uma prática educativa que se restrinja à sala de aula de uma escola, pois é até possível que não haja sala. Eu visitei várias escolas, em países africanos em que se realizavam as aulas sob a sombra das árvores; eram escolas, eram "salas de aula", com aspas. Quero dizer, era o espaço pedagógico, independentemente do espaço arquitetônico. Não há professor e professora, não pode haver atividade docente e discente, portanto escola, se não há professor ou professora, mas também não há atividade docente se não há atividade discente, quer dizer, aluno e aluna. Mais ainda: não há atividade docente e discente dentro da escola se não há conteúdo. E o que é o conteúdo? Do ponto de vista da teoria do conhecimento, o conteúdo é o objeto a ser conhecido pelo educando e a ser reconhecido pelo professor, quando o professor ensina o objeto que ele sabe e o aluno, se supõe, não sabe ainda. Então, no momento em que o aluno começa saber o objeto ensinado, o professor ressabe o que sabia ou reconhece o que conhecia. E não há atividade docente e discente se não há procedimentos, se não há métodos e técnicas dentro dos métodos com os quais o professor, a professora, trata o conteúdo que deve ensinar. Vocês já imaginaram um professor ou uma professora que não ensina? Não existe! Daqui a pouco eu vou falar de algumas consequências disso. Por outro lado, para que isso funcione, para que a atividade docente percorra o seu caminho, ela precisa, inicialmente, que a atividade discente, portanto a atividade de quem aprende, de quem estuda, preponderantemente se dê em níveis satisfatórios. Para isso, ou é por causa disso, então, que também não há prática educativa se não se cria, se não se constrói uma séria e rigorosa, rigorosa aqui não significa porretada, mas seriedade, profundidade, curiosidade bem dirigida, metódica. É isso que eu quero dizer quando falo de rigorosidade. Isto é, não há prática educativa se não se cria, se não se constrói uma rigorosa disciplina intelectual.

Então, vamos tentar analisar agora alguns desses termos, desses elementos componentes da prática educativa, para ver se nós ganhamos uma compreensão crítica, para entendermos, então, não ingenuamente, o que é a prática educativa.

Acho que uma das primeiras conclusões a que chegamos depois que se descreve, como eu descrevi aqui a prática educativa e, para mim essa descrição hoje, é muito fácil, porque faz quase cinquenta anos que eu aprendo a fazer isso. Vejam como eu estou: um sujeito chegado a uma velhice, apesar da juventude que não tenho dúvida nenhuma que tenho. Acho que basta olhar, mesmo com o obstáculo dos óculos, para meus olhos, para ver que isso é olho de gente viva. Mas bem, eu tentei fazer uma descrição desta prática. Vamos tomar um dos primeiros elementos da descrição que eu fiz e que é exatamente o elemento em torno da docência. Não há prática educativa sem docência, sem ensino, sem o ato de ensinar. Mas, não se ensina nada a não ser que nada vire substantivo. Aí então, você dá uma aula sobre o nada. Entende? Sartre escreveu sobre isso.[37] Agora, nada enquanto negação de alguma coisa, não pode ser objeto de conhecimento. Então, ele se concretiza. Quer dizer,

[37] Paulo Freire faz aqui uma referência à obra *O ser e o nada,* de Jean-Paul Sartre (1905-1980), romancista, dramaturgo, filósofo existencialista francês, militante de esquerda para quem "estamos condenados a ser livres".

o nada se concretiza e eu estudo o nada. Então, não é possível ensinar nada. A gente ensina, nós ensinamos biologia, ou filosofia, ou matemática, ou sintaxe, ou psicologia, ou física etc. Primeiro, isso. Segundo, não se ensina alguma coisa a ninguém. Isto é, se ensina alguma coisa a alguém, e o alguém é exatamente o estudante. Eu gostaria que vocês acompanhassem essa reflexão agora. Então, o que é o ato de ensinar? O ato de ensinar é a forma que o ato de conhecer, exercido pelo professor, pela professora, toma no momento em que ele ou ela desafia o aluno a assumir o seu ato de conhecimento em torno do objeto ensinado. Eu não sei se está complicado demais, mas se eu fosse um artista plástico, eu seria capaz de pintar, sem gente nenhuma, só o movimento, esse movimento da reflexão que existe nesse discurso. O meu discurso é quase plástico, aqui, agora, ele é quase um desenho também.

Em outras palavras, a prática educativa é um ato de conhecimento. Agora, há uma responsabilidade, para mim, enorme, quando a gente descobre, nós descobrimos essa coisa óbvia, que é assumir esse ato de conhecimento. E, para mim, quando o professor, a professora, assume o ato de conhecimento, ele ou ela não dorme em paz enquanto o aluno, a aluna também não assume. O que é dramático para nós hoje, no momento terrível da vida brasileira, em que a sem-vergonhice virou virtude, o que é dramático é que, às vezes, em lugar da gente, como professor ou professora, em lugar de nós, como professores, nos inquietarmos, porque os estudantes, com quem trabalhamos, não estão por N razões, que não cabe agora discutir, não estão assumindo o papel de quem quer memorizar, mecanicamente; o dramático é que nós cedamos a essa exigência do aluno, da aluna. Eu não cedo, jamais cedi a essa exigência do aluno. Aluno meu não memoriza, aprende. E há o que só aprende, quando apreende, primeiro, o objeto; antes de apreender o objeto, na razão de ser mais profunda, ninguém conhece, memoriza os conceitos do objeto, para fazer prova. E isso não é conhecer. Nós estamos deformando, na maioria, a juventude desse país com essa mágica de que é transferindo os conteúdos que os jovens se capacitam cientificamente. Não é assim, não.

Mas, se isso tudo é uma verdade, e a própria experiência desta manhã começa a mostrar que isso é uma verdade, então toda prática educativa envolve, necessariamente, uma tomada de conhecimento que deve ser exercida por ambos: o professor ou a professora e os alunos em termos diferentes. Porque, na verdade, o professor é diferente do aluno. Eu sempre digo que o professor ou a professora que chega à classe e diz aos jovens, aos estudantes: "Aqui é mais um companheiro; eu sou um de vocês", das duas uma: ou está absolutamente inseguro, porque é menos competente e pretende uma espécie de pacto com o aluno, para que o aluno não denuncie a sua incompetência, ou então, é demagogo. Porque eu sou diferente do aluno. Se eu fosse igual, ninguém me reconheceria! Como é que você pode reconhecer o professor do aluno, se é tudo igual? Não dá! Agora, o que não pode, é professor ou professora, transformar essa diferença em antagonismo. O que não pode é professor exacerbar sua autoridade e impor suas condições, por melhor, por mais bem intencionadas que sejam elas, aos alunos.

Muito bem. Mas, vamos ver o que é que se segue a essa constatação de que a prática educativa envolve o ato de conhecimento. Quem é, portanto, que conhece na prática educativa? Quem conhece? E nessa altura, a resposta autoritária, elitista, que em nome da sabedoria do professor ou da professora, exclui o aluno como sujeito de conhecimento e o põe como sujeito receptor do conhecimento, é quem, na prática educativa que conhece, é o professor. Por isso mesmo, ensina ao aluno que desconhece. Essa é a resposta típica da professora e do professor autoritário; ela tem meia-verdade, não tem a verdade toda. Para mim, a resposta a essa pergunta é a seguinte: apesar da diferença entre um e outro, apesar da responsabilidade que tem a autoridade do professor ou da professora de testemunhar as liberdades dos educandos, testemunhando o saber; apesar da responsabilidade que tem o professor de ensinar, mas se ensinar é aquilo que eu disse antes, compreendem? Eu vou voltar àquilo, o ensino do professor pressupõe e exige do professor, que antes e simultaneamente com o ensinar, ele estude. Ora, se o ato de estudar é o ato de conhecer, ou é o momento do ato de conhecer, e se o ato de ensinar do professor exige que antes de ensinar, estude, portanto, se faça competente, sem o que ele não cumpre a sua tarefa, o que ele ensina toma para propor aos estudantes que também assumam o ato de conhecer o objeto, exercido pelo aluno. Então a minha resposta àquela primeira pergunta sobre quem sabe, quem conhece no ato, na prática educativa, é esta: apesar da diferença entre um e outro; apesar, inclusive, até do ponto de vista do tempo, às vezes ocorre, nem sempre ocorre, mas de modo geral, se supõe que o professor chegou ao mundo um pouco antes do aluno. Eu, por exemplo, cheguei antes de você. Apesar da diferença ou das diferenças, ambos conhecem, na prática educativa. O professor, necessariamente, tem que conhecer, para poder aprender a ensinar; e o aluno tem que conhecer no momento em que apreende o objeto ou o conteúdo ensinado. Bem para mim, essa é a resposta.

Agora, essa resposta é uma resposta que traz dentro dela, no seu corpo, uma certa posição ideológica, que eu não nego. Quer dizer, a minha posição não é autoritária, mas, também, não é democraticista, não é liberal, não é sócio-liberal, não é espontaneísta, não é "deixa-estar" para ver como é que fica; a minha posição implica intervenção do educador; implica participação crítica, ativa do educador, e não "lavar as mãos" ou "cruzar os braços", para ver como é que fica. Mas depois que se ensaia a resposta a essa primeira pergunta, sobre quem conhece também se pode perguntar: conhecer o quê na prática educativa? E essa pergunta, minhas amigas e meus amigos, sempre se colocou clara, explícita ou implicitamente, a todos os pedagogos que viveram até hoje, e eles nem sempre explicitaram isso, mas, todos eles, passaram por essa preocupação. Essa pergunta nos leva em cheio à questão dos conteúdos programáticos da educação. Afinal de contas, o que é que se conhece na prática educativa? O conteúdo das disciplinas! É isso que se conhece! Mas aí se pode perguntar: quem determina os conteúdos? Quem é que tem o poder de determinar o que é que a juventude deve saber? Quer dizer, vejam como essa pergunta é muito mais política, ainda, do que a anterior. É muito mais ideológica, ou tão ideológica quanto a anterior. E as respostas levam, novamente, a opções autoritárias e a opções que eu chamo de substantivamente democráticas. A escolha dos conteúdos, numa perspectiva autoritária, é tarefa de especialistas competentes. Eu sugeriria a vocês que lessem um ensaio, muito bonito de Marilena Chaui[38] sobre

---

[38] Marilena Chaui, professora emérita da USP, filósofa, militante em favor da democracia e dos direitos humanos e civis. Participou com Paulo Freire da gestão de Luiza Erundina, como secretária de cultura do município de São Paulo, de 1989-1992. A obra a que Freire se refere é: *Cultura e democracia: o discurso competente e outras falas*. São Paulo: Editora Cortez, 2017.

a competência: *Discurso competente*. Quer dizer, quem é que dá e quem é o quê. Eu vou usar agora uma linguagem, assim, um pouco, talvez abusiva para dizer a vocês, que não é uma caricatura, porque, em grande sentido, em grande parte, vai bater com o que eu vou dizer: a convicção que eu tenho hoje é a de que nós, professores e professoras, entramos no primeiro dia de aula do semestre trazendo para os estudantes respostas e perguntas que os estudantes não fizeram; e respostas cujos fazedores das perguntas, nós nem sabemos quem são e não sabemos nem quando foram feitas as perguntas que deram origem às respostas que nós trazemos. Nós simplesmente não damos as respostas sem sabermos quem nos perguntou, quem fez as perguntas fundamentais nos séculos atrás, que me fizeram falar disso que eu estou falando! É claro que o Paulo Freire não apareceu, de repente, num buraco que o céu fez e que São Pedro soprou e disse: "Cai lá na terra, no Recife, naquele lugarzinho; cresce um pouco e, depois diz que a educação é um ato de conhecimento". Não! Houve milhares de gente antes de mim, que vieram pensando e elaborando tudo isso que está aqui, numa forma pessoal, mas, que é social e histórica, não é invenção minha. Eu não existiria sozinho, ninguém.

Então a questão do "quem determina" o conteúdo, divide, de novo, a perspectiva pedagógica, que é política. Há quem diga também que em nome da pressa, em nome de um saber técnico não há mal nenhum que as crianças nordestinas tenham nas suas classes de 1º grau, cartilhas feitas no Centro-Sul do Brasil que tratam de uma realidade que não tem nada a ver com a realidade das crianças nordestinas. Isso, sim, é uma espécie de invasão do primeiro mundo brasileiro sobre o nosso terceiro mundo, que somos nós, e que nós temos o dever de dizer: "Basta! Não aceitamos!". Anteontem, no Recife, uma educadora me falava de uma cartilha, cuja autora estava preocupada com o Na, Ne, Ni, No, Nu. Vejam vocês que coisa! A preocupação dela era o Na, Ne, Ni, No, Nu. Então, ela faz: o Vá, Vê, Vi. "Nina tinha o novelo da Vovó". O novelo dela. "O novelo da Vovó caiu na nuca da Vovó". Mas, vocês já imaginaram? Quer dizer, essa cartilha está ensinando as crianças a pensarem errado! Como é que o danado do novelo cai na nuca?! Isso é um absurdo! Isso é igual a uma cartilha que eu estudei, há trinta anos, quando eu estava trabalhando, nos começos dessa coisa que chamam "Método Paulo Freire". Acho, imprecisamente, que li todas as cartilhas da época, e encontrei uma que tinha a seguinte pergunta: "Ada deu o dedo ao urubu?" E vinha a resposta. A resposta era uma maravilha de metafísica. A resposta era a seguinte: "Du-vi-de-o-dó, Ada deu o dedo à ave". Vocês já viram um absurdo maior do que esse?! Em primeiro lugar: eu conheço 85% do mundo e não tenho nenhum medo de dizer isso: eu nunca vi, em lugar nenhum do mundo, ninguém dando dedo a urubu, e acho que aqui no Nordeste, ninguém faz isso. Agora, em segundo lugar, sempre me pareceu que o urubu é ave, mas na cartilha, duvidava que alguém tinha dado o dedo ao urubu, mas tinha dado o dedo à ave. Não, não é possível! Isso tem que ver com a pergunta que eu fazia: quem é que determina os conteúdos? Na perspectiva autoritária do Brasil, hoje, quem determina os conteúdos para o resto do Brasil, são alguns especialistas do Centro-Sul do Brasil. Para mim, está tudo errado. Obviamente, que me criticam muito quando dizem que o que eu estou pretendendo é um localismo prejudicial a um pensamento dialético. Claro que eu sei disso, também, teoricamente! Não precisam me ensinar isso. Mas eu jamais defendi uma perspectiva localista. Eu comecei hoje dizendo que a minha recifensidade me faz pernambucano; que a minha pernambucanidade me faz nordestino; que a minha nordestinidade me faz brasileiro; que a minha brasilidade me faz latino-americano; que a minha latino-americanidade me faz um homem do mundo. Vejam bem, quando eu digo "homem do mundo", não é porque eu tenho um livro traduzido para dezoito línguas, não é isso! É qualquer um de nós que está aqui. O que eu quero dizer é que não importa se a televisão sabe que nós existimos; o que eu quero dizer é que, do ponto de vista da própria experiência histórica de cada um, não é possível universalizar-se sem localizar-se. Isto é, não há mundialidade sem um local de onde eu arranco o meu pé. Então, por isso digo, traduzindo em termos pedagógicos: a educação deve partir é do contexto onde ela se dá; deve partir da cotidianidade do aluno, e não da minha cotidianidade de intelectual! Porque nem sequer deve partir da minha cotidianidade puramente existencial; porque ela é muito sofisticada, porque sou intelectual! Deve partir da linguagem do povo; deve partir da significação que o povo dá aos significados; deve partir da construção do pensamento do povo e não da minha construção! Deve partir dos medos do povo e não dos meus medos. Quer dizer, deve partir das fantasias do povo e não das minhas; deve partir de como o povo se vê no mundo, de como o povo pensa nesse mundo e de como o povo sabe, na cotidianidade de que ele participa. Mas eu uso o verbo "partir", não o verbo "'ficar". Seria um absurdo, seria uma perspectiva populista pretender ficar ao nível em que se acham os educandos, porque o que nós temos que fazer é partindo do nível deles, arrancar, com eles, para níveis superiores até aos níveis que nós estamos.

Isso é o que eu sempre disse, mas às vezes, não me leem bem. Então, esse problema do chamado "Programa" é no fundo um problema maior do que se chama, teoricamente, de teoria do currículo, que não é só estudar as horas e as grades, como se diz, curriculares. Não. É algo mais do que isso.

Mas há uma pergunta imediata depois dessa? Vejam como eu estou dando respostas mais rápidas, que é a seguinte: muito bem, conhecer, conhecer o mundo, conhecer o real e conhecer o conhecimento ingênuo, popular, para superar esse conhecimento ingênuo do chamado senso comum pelo conhecimento mais exato, que surge do tratamento rigoroso, metódico que a ciência propõe, sem cair em cientificismo.

Depois de mais ou menos resolvida essa pergunta, tem outra fundamental, que é a seguinte: muito bem, conhecer a educação implica um ato de conhecimento; eu já discuti aqui, que o professor conhece o aluno também; eu já discuti que a questão de o que conhecer implica toda a problemática da organização curricular de um Estado como Alagoas, de uma cidade como Maceió, de um país como o Brasil. Isso implica reconhecer determinados conteúdos que são nacionais e que, por isso, têm que cortar todos os sistemas, os subsistemas educacionais do país. Não há dúvida nenhuma de que há temas que são de importância brasileira e que devem ser estudados em Maceió ou Porto Alegre, São Paulo ou Recife, não importa. Mas, agora, há outra pergunta: conhecer essas coisas, a favor de quem? Portanto, ensinar a favor de quê? E quando ensinamos ou fazemos qualquer coisa a favor de alguém, nós fazemos contra alguém. Ninguém pode estar a favor de todo mundo. É por isso que eu digo que o chamado consenso não é democrático. O consenso é o momento necessário da briga, para mim, e chegado, chega-se ao momento de consenso, e imediatamente, tem de desconsensualizar para começar a luta de novo. Bem, a favor de quem? Mas quando nós nos perguntamos a favor de quem nós ensinamos, começamos a pôr em dúvida essa história de dizer: "Ah, como professor eu sou um missionário a favor da humanidade!" Isso não existe; isso é ideologia, é ideologia dominante! O professor não é um missionário. O professor é um profissional e precisa brigar para ganhar menos indecentemente neste país! E, quanto mais o professor brigar, tanto mais ele ajuda com sua briga, que outros grupos brigam; e quanto mais todos nós briguemos, neste país, tanto mais, possivelmente, os homens públicos deste país, tenham um pouco de medo de serem tão demasiadamente privados, como são, de transformar a coisa pública em quintal da casa deles. Outro dia me perguntavam, no Rio Grande do Sul, se eu acreditava que o governador podia fabricar dinheiro para poder atender à reivindicação. Eu disse: não, ele não pode. É problema dele. Ele não pode fabricar, eu sei disso. Agora, o que é preciso é que ele e os outros governadores saibam que é fundamental botar um ponto final na sem-vergonhice deste país. E só aprenderão se nós nos organizarmos, nos mobilizarmos. Senão, não; senão, não aprendem. É preciso que sejam pressionados a ponto de chegarem choramingando na praça pública, para dizer que não têm onde buscar dinheiro. Aí o povo diz: "Então, não nomeiem ninguém; porque essa questão de tirar um e botar outro, não dá". Quer dizer, minhas amigas, meus amigos, como educador, eu vou falar já já disso. Eu não sou um ingênuo; eu não penso que a educação é a alavanca da transformação social, não é, mas é importante para a transformação social.

Então, é preciso que nós, povo deste país, quando eu digo "povo", necessariamente, eu não estou incluindo os donos da vida. No ano passado, eu li um texto de uma jovem operária, de São Paulo, em que ela, no meio do texto dela, de repente, dizia: "E quem é o povo?" E ela mesma respondia e dizia: "O povo é quem não pergunta quem é o povo". É isso! Os sociólogos é que, de modo geral, não sabem, eles acham que o conceito de povo é vago demais. Tem muita gente neste país, eu não vou citar o nome das pessoas, porque eu não incluo, quando eu digo "povo", de jeito nenhum! Mas bem, o que nós precisamos como povo, organizando-se, é ensinar; nós precisamos ser pedagogos desses homens e dessas mulheres! Nós precisamos dizer que é urgente que se diminua no país a distância entre o discurso do candidato e a prática do eleito. E isso só se faz se nós gritarmos na rua: "O senhor disse o contrário disso!" Isso, tem que ser feito um dia. E eu espero que se faça mais depressa porque, senão, não dá tempo, do jeito que está este país, eu tenho cá os meus receios de precisar de um novo exílio, sabe? Mas, voltando a nossa conversa. Quando nós nos perguntarmos em favor de quem; em favor de quê; contra quem e contra o que nós trabalhamos como professora, como professor, quando nós fazemos essa pergunta, nós descobrimos claramente que, como professores, somos políticos. Aí então, nós concluímos que o ato educativo é um ato de conhecimento, mas é também, por isso mesmo, um ato político. Não há, nunca houve, nem vai haver, a não ser que o bicho homem e o bicho mulher mudem de tal forma, dentro de quatrocentos a quinhentos anos, se não houver mudança muito radical da natureza histórica nossa, a educação vai continuar sendo, sempre como foi, um ato político. Nunca foi neutra e não é neutra. Isso não significa que, necessariamente, seja partidária. Uma coisa, por exemplo: eu tenho a minha opção política, mas aqui eu sou um pedagogo político e não tenho porque fazer nenhum tipo de referência a minha opção partidária. Eu não vim aqui para fazer um hino de amor ao meu partido, o hino de amor ao meu partido eu o faço na minha prática, é nas coisas que eu faço, escrevo e digo, sem precisar dizer qual é o partido, e respeito todos os outros, mas, me oponho a eles. Essa pergunta, minhas amigas e meus amigos, é de uma importância imensa!

Pois bem, eu dizia que esta pergunta é realmente fundamental porque é ela que me faz assumir o meu sonho. Então, a educadora, o educador sem sonho, sem futuro, como diabo pode ter esperança?! Porque a esperança não existe no passado! O que há no passado que me faz esperançoso, é certa convicção que eu busco muito, muito, muito antes de mim, que eu tenho e é, portanto, uma certa presença. Mas, a esperança implica o amanhã, e o amanhã não é um tempo, nem espaço que me espera; o amanhã se constrói pela transformação do hoje, do agora! A esperança é "esperançamento", é ação de esperançar, de agir para que ela se concretize. E que pode fazer uma educadora que não desenha o amanhã, que não tem traços, sequer, do que lhe pareceria importante, enquanto forma de estar sendo, enquanto vida social, enquanto vida política? Por isso eu insisto tanto junto a nós próprios, professores e professoras, em que a nossa briga salarial deve virar, cada vez mais, uma briga política que, em sendo salarial, já é política, mas tem que clarear o horizonte. Eu não posso brigar apenas, e é fundamental, mas eu não posso parar na exigência de ganhar mais dinheiro, porque senão eu morro com a inflação que está aí. Mas, eu tenho que pensar, também, que eu preciso brigar para refazer a escola pública deste país. Nós não podemos permitir que a sociedade brasileira aprofunde e avance a privatização da educação que os militares nos impuseram. O Estado é responsável. Eu até digo: nós precisamos primeiro ocupar, invadir os espaços deste Estado. Quer dizer, quando eu digo "deste Estado", não é o Estado de Alagoas só, é o Estado Brasileiro, perversamente burguês. É invadindo as estruturas dele, e não apenas como secretário de Estado. Porque se eu entro como secretário de Estado, na alegria de ser puro secretário de Estado, eu termino chamando a polícia para botar para fora a gente que está querendo conversar comigo.

Por exemplo: eu vou dizer uma coisa, assim, muito subversiva, à jovem futura reitora,[39] não se sinta uma reitora em paz; se sinta invasora do campus, no sentido de quem vai brigar de dentro para fora, e ajudar a briga de fora para dentro, para fazer a Universidade de vocês cada vez melhor. E isso não se faz sem luta. Porque há interesses, inclusive nossos, de atrapalhar. É possível que no dia em que você começar a fazer exigências maiores, alguns professores digam: "Já começou o aperto! Estava tão bom sem dar aula!". Eu não digo que isso existe, mas pode existir!

Vejam como, afinal de contas, esse negócio todo é muito político! É claro que porque é político, isso tudo exige do educador o jogo dialético entre tática e estratégia. A compreensão do limite da prática educativa, o limite da prática política. Há uma coisa chamada "possível histórico"[40], que não é fácil até às

---

[39] Paulo Freire estava se dirigindo à professora Delza Gitaí, reitora da Universidade Federal de Alagoas, de 1987 a 1991.

[40] O "possível histórico" tem a ver com um tempo que reflete algo que poderia ter sido, tendo sido, como encontramos na ficção *O tempo e o vento*, de Érico Veríssimo, por exemplo.

vezes de ser compreendida, mas que exige ser compreendida. Porque eu não sei se aqui, em Alagoas, existe um negócio que existia muito em Pernambuco. Existe? Quando eu era menino e, já naquela época, imaginem vocês, a sem-vergonhice sempre existiu, mas não como hoje! Mas, naquela época, já se punha manga verde, banana verde, dentro de um troço que se chamava carbureto, e ficava tudo amarelinho, cor de rosa, mas por dentro da manga não estava maduro coisíssima nenhuma. Eu sempre digo que um dos grandes equívocos de muita gente é pensar que a história se faz também com carbureto.

Eu quero dizer a vocês, com uma dupla responsabilidade que assumo, assumindo cientificamente o que eu estou dizendo. Sim, assumindo politicamente o que eu estou dizendo: história, basta ler um pouco menos mal a Marx[41] para saber que não se faz história com carbureto; se faz com práxis, isso sim. E essa palavra, inclusive, é o conceito fundamental dele, se faz com práxis. Agora isso não significa que o educador perca a ousadia. Minhas amigas e meus amigos, eu acho que o educador ou a educadora que não ousa, não tem coragem de ousar, não pode existir porque a existência se mediocriza, é uma repetição de medo. É preciso ter audácia para ousar. É preciso ter a valentia da ousadia; mas é preciso, também, saber o que é a ousadia; a ousadia não é a porra-louquice. A ousadia é a coragem de testar, de provar o que se está dizendo, que é o limite possível de hoje, e terminar descobrindo que o limite possível de hoje estava mais na frente. A falta de ousadia,

---

[41] Karl Marx (1818-1883), filósofo, sociólogo, economista alemão. A práxis, para ele, é a ação transformadora do ser humano, como deixa claro na sua obra máxima *O Capital*, e nas teses sobre Feuerbach, na *Ideologia alemã*: "os filósofos apenas interpretaram o mundo de diferentes maneiras; o que importa é transformá-lo". A rigor, a relação dialética de reflexão e ação.

o medo, me faz confundir o que chamo de limite real com o limite aparente. O limite aparente é percebido pelo senso comum; o senso comum vê o limite aparente que está aqui. Mas, o limite real está é aqui. O ousado é o que ultrapassa a barreira do limite aparente, mas nunca, o que ultrapassa o limite real. Aí, é a porra-louca. E esse também não faz história. Ou melhor, ao tentar fazer assim, acabam com ele. E eu sempre digo que transformação política, social, econômica de uma sociedade, se faz com gente viva e com alguns que morreram, não porque quiseram. Eu ficaria entre os segundos.

Então essas perguntas, afinal de contas: "A favor de quem, contra quem? Eu estou a favor de quê? Quer dizer, qual é o meu sonho? Qual é o meu projeto, que não é privadamente meu, mas, qual é o projeto social, histórico que eu admiro e para o qual eu trabalho, para o qual eu me uso e me gasto como professor?" Quero dizer a vocês, por exemplo, que eu jamais fui a lugar nenhum por simplesmente ir; eu jamais vim a lugar nenhum, para me ouvir a mim mesmo. Quer dizer, é como se eu precisasse de um microfone, e um técnico desse, para me ninar a mim mesmo. Não, eu vou aos lugares politicamente. Eu vim a esta Universidade doido para convencer grande parte de vocês disto: é preciso lutar, é preciso brigar, pois o diálogo não se dá entre antagônicos. O diálogo só se dá entre diferentes e iguais, mas não entre os antagônicos. Entre os antagônicos, o que há, é pacto, mas não o diálogo. Vim aqui tentar convencer de que o professor é um político; de que nós temos uma tarefa a cumprir que transcende os muros da escola.

Vim cá tentar convencer de que uma das brigas grandes que nós temos a fazer hoje é a briga pela escola pública, séria, para atender aos direitos fundamentais das massas populares deste país. Não é possível que entremos no outro século com mais de 8 milhões de meninos e meninas em idade escolar, fora da escola. E há tantos que são postos fora da escola a partir do primeiro ano, cujo fenômeno os especialistas chamam de "evasão escolar", e na verdade, é expulsão escolar e não evasão. Eu vim aqui, não para impor, mas para convencer de que esse treco é verdade. Eu não posso, eu estaria violentando vocês se eu dissesse, por exemplo, que isso daqui é uma nova xícara de tomar chá, quando na realidade é um vaso com flores, e procurasse convencê-los de que isso é para tomar chá, e desenvolvesse de tal forma uma reflexão tão bem-feita, tão contundente, que alguns começassem a dizer: "Puxa, é uma xícara!". Aí, bem, eu era um manipulador. Mas quando eu venho e digo: é preciso que a escola, eu, o Estado, temos um dever a cumprir diante das maiorias deste país, não estou mentindo, de jeito nenhum! Eu sei que dizendo isso, eu deixo algumas pessoas, que eu espero que não estejam nesta sala, incomodadas. Mas, é preciso incomodar muita gente neste país! Porque é exatamente pouca gente que manda no Brasil, e que nos incomoda a todos! E a gente precisa mudar, nós precisamos mudar essa posição e passar a incomodar essa gente; não deixar essa gente dormir bem. Entendem?

Agora eu queria acelerar um pouco para terminar e dizer a vocês o seguinte: há ainda alguma coisa que faz parte dessa natureza tão rica, tão bonita! Eu acho que é esse negócio de educação. Eu tenho a impressão de que, na realidade, não é impressão, é verdade, em matéria de paixão, eu acho que só mesmo a Elza ganhava para a educação, sabe? O resto, a educação é quase uma espécie, assim é quase outra mulher, que não concorreu com a Elza. Mas há outra coisa linda também, que é o seguinte: é a boniteza, a boniteza que veste a prática educativa. A prática educativa e o ato de conhecimento, que está dentro dela, e o ato político! O que é trágico é como a gente enfeia, como nós enfeiamos as coisas bonitas deste país! Como se faz uma política terrivelmente feia! Como se faz uma educação feia! Como se faz um ato de conhecimento feio! Quer dizer, a gente está tendo, nós estamos tendo o poder extraordinário de enfeiar as coisas bonitas! E é preciso embelezar o mundo! Muita gente, possivelmente assim, à esquerda de Marx, porque tem uns caras que estão à esquerda de Marx, muita gente dirá: "O Paulo Freire, quanto mais velho fica, mais romântico é". Pois, eu digo que sou mesmo, só não sou romanticista, mas romântico sou. E, Guevara era mais do que eu! Ele falou frases muito bonitas dessa dimensão romântica da luta, poética da luta, quando ele disse, mais ou menos: "Endurecer, sim, mas jamais perdendo a ternura". Puxa, mas não vão me dizer que Guevara[42] era idealista! Idealista, no sentido filosófico. Mas a gente precisa, nós precisamos cuidar da boniteza disso, entende? A educação tem uma boniteza, e essa boniteza é que constitui a educação como arte. Eu sou tão radical na compreensão da boniteza da educação, que até não aceito a expressão: "Educação pela arte". É um nome, inclusive, educação e arte, um nome famoso, de um livro famoso, de um inglês.[43] Eu entendo o que se quer dizer com isso, mas o que eu digo

---

[42] "Hay que endurecerse, pero sin perder la ternura jamás". Ernesto Guevara de la Serna (1928-1967), médico, revolucionário, político, diplomata, crítico do partido único que pensa pelos cidadãos, um dos líderes da revolução cubana de 1959.

[43] O nome do autor é Herbert Read (1893-1968) e seu livro *A educação pela arte,* primeira edição inglesa, 1943: "A educação deve ser um processo não apenas da invidualização, mas também da integração, que é a reconciliação da singularidade individual e a unidade social. A arte é o caminho". São Paulo: Martins Fontes, 2001, p. 16.

é que a educação já é arte, já é obra de arte. E se você pensa, por exemplo, que a educação, ao ser ato cognoscente, é ato formador. Não é possível conceber a prática educativa fora de um permanente formar e reformar sem ser reformista. Quer dizer, formar de novo. O educador intervém na formação do jovem, do aluno, e ao intervir, ele se forma de novo, ou ele se forma sempre. Ora, uma prática que tem que ver diretamente com a formação, não pode deixar de ter boniteza. E é exatamente a essa boniteza que nós agora, poderíamos chamar, com uma linguagem mais sofisticada, de a natureza estética da prática educativa. Há, indiscutivelmente, uma, eu não quero dizer "dimensão", porque dizendo "dimensão" parece que é só um pedacinho. Eu diria "natureza". Há uma natureza estética da prática educativa. Então vejam: no fundo, ser professor, professora, assumindo-nos assim, significa na verdade ser político. Estar engajado ou engajada numa curiosa busca, que é exatamente a dimensão cognoscitiva da educação, significa também jogar com a arte, sem pintar. Ousem fazer poesia. Quer dizer, eu gostaria de fazer todas essas coisas, não faço, mas sou um artista, tanto quanto sou um político, tanto quanto sou um falador, não da vida alheia, mas, também da vida alheia, que é pública e por ser pública precisa ser falada. Eu sou um homem que trabalha a teoria do ato de conhecer, porque sou um educador.

Agora eu termino com mais cinco minutos, porque aí ficaria um pouco de tempo para alguém se expressar ainda. Eu diria então que nunca, talvez, em todas as épocas, nós vivemos hoje, uma das épocas neste país, um dos momentos históricos, em que precisamos assumir responsabilidades, não só enquanto professores e alunos! Eu falo nisso porque é isso que somos aqui.

Vivemos uma das épocas em que se impõe a nós a assunção das nossas responsabilidades. Vejam bem, minhas amigas e meus amigos, eu não estou fazendo propostas de um moralismo udenista. Os mais velhos, aqui, sabem o que eu estou dizendo, os mais jovens não, nem sabem que diabo é isto de udenismo![44] Eu não estou propondo moralismos, tenho horror a moralismo, mas eu estou propondo uma ética, uma ética a serviço das massas populares do Brasil que responda aos interesses dessas massas populares. É preciso ter a coragem, a mínima coragem de viver minimamente, decentemente, neste país, de brigar e de lutar. Se nós somos professoras e professores progressistas, não quero dizer revolucionários, porque eu tenho muito respeito a esta palavra. Então, se nós somos professoras e professores progressistas, se nós temos um sonho, sonho de mudar essa sociedade, radicalmente, não de uma vez, porque não dá, mas de mudar essa sociedade, de transformar as estruturas do poder dessa sociedade; se nós temos esse sonho e somos professores e professoras, então, sejamos coerentes, lutemos para que o nosso discurso progressista coincida com a nossa prática progressista.

[44] O "udenismo" é a ideologia da União Democrática Nacional, partido político antigetulista, liberal e contraditoriamente intervencionista, fundado em 1945.

"UM ENCONTRO COM PAULO FREIRE", PALESTRA PROFERIDA POR PAULO FREIRE NO DIA 13 DE OUTUBRO DE 1983, NA UNIVERSIDADE ESTADUAL DO SUDOESTE DA BAHIA, EM VITÓRIA DA CONQUISTA (BA)

O debate, que é exatamente do que eu gosto, ocorre que me cansa mais, obviamente, porque eu acompanho uma pergunta e tenho que refletir sobre a resposta. É muito difícil, andando como eu ando pelo Brasil e fora do Brasil, é muito difícil que me perguntem o que ainda não me foi perguntado pelo mundo afora. Mas mesmo assim, sempre que me fazem a mesma pergunta, eu me sinto como se fosse a primeira vez que eu a recebo. Apesar de eu andar com uma saúde muito boa — eu fiz agora 62 anos e eu me sinto mais moço do que muita gente de 23, 24, sobretudo do ponto de vista da cuca. Estar com uma saúde muito boa, com absoluto controle médico — o meu médico é um grande baiano que mora em São Paulo e que cuida da minha saúde e da saúde da minha mulher —, mas apesar disso tudo a minha vida diária é muito tensa, é muito carregada de cursos, seminários, debates, leituras e escritas. Ontem cheguei às onze horas da noite do Rio de Janeiro em casa e tive pouco tempo para me refazer um pouco do próprio trabalho que eu tinha tido. Resultado: fui dormir mais de meia noite e hoje às seis horas da manhã eu já estava tomando banho para ir para o aeroporto e vir para cá.

A minha vida é assim. Há oito dias eu estava em Fortaleza, daqui a oito dias estarei em Teresina, isto quer dizer da maneira muito intensa que é a minha vida. Então, hoje eu preferia dizer umas coisas aqui a vocês e não receber perguntas. Um pouco autoritário?! É que quero ver se na saída daqui ainda dá para ver um pouquinho desse jogo do Brasil.[45]

Muito bem! Eu vou conversar um pouco aqui, mesmo sem retorno de vocês, uma conversa assim que vai unidirecional, que vai de mim para vocês. Na verdade, eu vou conversar um pouco, somente daqui para aí. Vou pensar um pouco sobre alguns problemas da educação. Mas, para começar esses pensamentos altos que eu vou tentar fazer, é importante chamar a atenção a vocês de uma coisa, de uma coisa que é evidente, que é óbvia, mas que nem sempre a gente percebe como óbvio, como evidente. E é exatamente a natureza política da educação.

A educação tem uma qualidade que eu chamo de "politicidade", que quer dizer exatamente a qualidade da educação de ser política. Da mesma maneira como um ato político, uma campanha política, por exemplo, não importa qual seja o partido, qual seja o candidato, não importa nada disso, uma campanha política é também, ou tem também uma qualidade que a gente chama de "educabilidade". Então, há uma natureza política no ato educativo, como há na natureza educativa no ato político.

Isso significa, agora em termos muito concretos, que não há nenhuma prática educativa, não importa que esta prática se dê entre uma educadora e um grupo de crianças da pré-escola ou que esta prática se dê entre uma professora na pós-graduação de um curso universitário e os alunos/as. Muito bem, a educação, qualquer que seja o grau em que ela se experimente, qualquer que seja o nível de debate, de discussão que ela engaje ou em que ela se engaje, a educação jamais pode ser um ato neutro. Dizer, por exemplo, que a educação é uma prática a serviço

[45] Paulo Freire se refere ao jogo da seleção brasileira de futebol, contra a seleção do Paraguai pela Copa América que terminou empatado em 1 x 1.

dos interesses da humanidade, é uma maneira até medíocre de não entender mesmo a educação ou de enganar os outros e a si mesmo. Não existe uma coisa assim tão abstrata, como "humanidade" para a qual a educação esteja a serviço. Educação é sempre um ato político. Eu insisto muito nisso. Não importa, vejam bem, não importa também que a educadora ou que o educador não esteja consciente desta politicidade do seu ato. Até que o educado pode ficar pensando que ele é um cara neutro porque é um educador. Simplesmente não é, e subjetivamente ele pensa que é. Objetivamente a sua prática é política. Agora vejam bem, isso não significa, porém, que o ato político seja necessariamente partidário. Aí bem, isso é outra coisa. O professor e uma professora numa classe são indiscutivelmente políticos, mas não necessariamente a sua prática deve estar a serviço do partido dele ou dela, do partido a que ele/ela inclusive pertencem. Eu tenho dado às vezes a nota máxima, num curso de pós-graduação, a trabalhos de alunos reacionários, que escrevem e defendem a sua reação de forma inteligente e séria. Então não tenho que fazer outra coisa: dou 10. Agora escrevo: "Totalmente em desacordo com a sua posição que é reacionária". Mas dou 10. Quer dizer, eu como educador, sou um político, mas não posso, não posso valorar o estudante com quem eu trabalho em função da minha opção política. Porque eu tenho profundo respeito por quem não pensa igual a mim.

Mas o que é importante que a gente saiba é que na verdade a educadora, o educador, de um lado, é um político, do outro, é um artista. O educador não é, e que a educadora não é e às vezes pensa que é, é técnica. Na verdade, porém, elas/eles precisam das técnicas e precisam da ciência. Enquanto educador e educadora, necessariamente também não são cientistas, mas podem ser. Mas precisam de qualquer maneira de uma competência científica e de uma competência técnica sem a qual a professora, o professor, a educadora, o educador, não funcionam e não cumprem, inclusive, a sua tarefa política. De maneira que esta questão da politicidade da educação, o artístico que está também nela, servindo-se dela a educadora ou o educador, também da técnica e da ciência para melhor cumprir a sua tarefa, é algo que eu acho que qualquer curso de formação de professoras e professores deveria sublinhar constantemente, e não só a nível puramente intelectual. É preciso discutir com a jovem e o jovem que amanhã serão professores de primeiro grau, ou segundo ou universitários sobre estas questões. É preciso fazer assim, uma espécie de radiografia da prática pedagógica para que a educadora e o educador de amanhã percebam realmente quão política é a sua tarefa.

Muito bem, se isso é uma verdade e eu creio que basta que a gente se pergunte sobre o que a gente faz como aluno ou como professor ou professora, para descobrir esta dimensão política. Então, essa não neutralidade da educação, essa impossibilidade de ser neutra, situa a prática educativa ou como uma prática a serviço, exclusivamente, dos interesses das classes dominantes no poder, e isso aí é uma educação que eu costumo chamar de "educação domesticante ou domesticadora"; ou põe a educação ou procura pôr a educação a serviço das classes sociais culturais dominadas. O que não existe é essa chamada "educação para a humanidade". Isso é conversa fiada de gente que, ou é esperta demais ou é ingênua demais.

Bem, evidentemente que a educação, a chamada "educação sistemática", essa de que a gente participa na escola, ela sempre reproduz, multiplica os interesses, os valores, a ideologia do poder, no poder. É claro isso. Vejam bem, minhas amigas e meus amigos, nenhuma educação, nenhuma sociedade até hoje, começou a organizar-se através de um Ministério da Educação. Nenhum agrupamento humano até hoje da história da humanidade começou a funcionar criando um Ministério da Educação para saber que tipo de homem e mulher era interessante para aquela sociedade. A partir do Ministério da Educação então se veria a produção, se teria saúde. Nunca houve isso na história do mundo. Os grupos humanos sempre começaram a existir produzindo para sobreviver. Foi a partir da sua produção para sobreviver, da sua organização para produzir, que se criaram as coisas que vieram como reflexos disso, e a educação é uma delas. É por isso que a gente chama, numa linguagem mais técnica, "educação como expressão supra-estrutural de uma sociedade".

Evidentemente que, pelo contrário, a educação, ela se estabelece, se organiza, se institucionaliza precisamente para ajudar o poder que a constitui a preservar-se como poder. Essa é uma das obviedades. E é uma obviedade danada para ser difícil de ser entendida. Que coisa horrível! Imaginem vocês o seguinte, na história também da humanidade não há um exemplo sequer, entre uma classe dominante no poder que tivesse cometido suicídio. Nunca houve isso. Houve um tempo em que eu andava lendo tudo quanto podia em matéria de história para ver se encontrava um suicídio da classe dominante. Não achei nunca porque não há mesmo. Não existe isso. Como é que poderia? Vamos pensar essa coisa tão fácil de entender. Como é que pode uma classe dominante no poder inventar uma educação que ajudasse os que não estão no poder a descobrir as manhas de quem está no poder e ficar por cima? Não pode! Seria pedir muito à classe dominante! Dizer: "Por favor, olha, faz uma educação contra nós!" Não pode!

Eu espero que se alguém veio aqui essa noite pensando que isso existe, que comece a descobrir agora que isso não existe. E comece a pensar em termos práticos, concretos da vida brasileira, para ver se o que está acontecendo aí coincide com esse pensamento ingênuo de que a educação sistemática indiscutivelmente reproduz os interesses de quem está no poder, não faz só isso.

Se não houvesse um negócio chamado "contradição" na história, era um desastre, inclusive a vida era muito monótona, era tudo muito igual. E não havia chance de libertação nenhuma, quer dizer, se a educação só fizesse reproduzir o poder não haveria possibilidade de eu estar falando aqui assim, porque eu teria sido reproduzido pela educação que eu tive. E então eu estaria exatamente dizendo "A educação é formidável, porque atende a todo mundo, não só é o interesse da classe dominante, mas de todos porque todo mundo é irmão", e, no entanto, não é isso que eu descobri que acontece. Quer dizer que, então a educação não faz só isso. Daí a importância do papel que a gente pode ter, dependendo da opção política da gente e da clareza em torno dessa opção. Isto é, da opção política que tenha a educadora ou educador, juntando-se a isso a coerência, esse outro ponto sobre o que eu gostaria de insistir. A coerência é fundamental entre a opção que eu tenho, entre o discurso com o qual eu proclamo a minha opção, e a minha prática. Não adianta fazer um discurso bonito, fantástico, revolucionário e ter uma prática autoritária. Eu conheço professores e professoras que têm um discurso realmente veemente, gente séria até, mas que pergunta ao aluno se o aluno "sabe com quem está falando". Quer dizer, esse negócio para mim não dá. Mesmo porque não é o discurso da gente que dá a validade à prática da gente. É a prática da gente que diz se o discurso da gente presta ou não presta. É o contrário. É a prática. É preciso saber como é que a gente pratica a educação e a política e não como é que a gente fala da educação e da política. Então, essa clareza em torno da opção política eu acho que é absolutamente fundamental. Quer dizer, o educador, afinal de contas, em certo momento de sua formação que deve ser permanente, tem que se perguntar diariamente: "A serviço de que eu sou educador, a serviço de quem, a favor de quem, contra quem, e contra quê eu sou educador?". Na medida em que eu sei a serviço de quem eu sou educador, a serviço de quem eu escrevo, portanto, contra quem eu escrevo e contra quê eu escrevo, quer dizer quando ficar claro tudo isso, eu sei qual é o meu sonho. O meu sonho não é pedagógico, é político-pedagógico. Não é só pedagógico. Quando eu for me fazendo mais ou menos claro com relação a isso, a essas perguntas, eu então vou descobrindo uma significação mais profunda na minha própria prática e vou desenvolvendo em mim a exigência em torno da necessária coerência que eu devo ter e viver entre o que eu digo e o que eu faço. Evidentemente que a coerência nunca é absoluta, até porque para mim esse seria um mundo horrível, se fosse todo ele coerente, o que, aliás, não poderia ser. Já imaginou? O sujeito é coerente desde que amanhece até que dorme. Dever ser uma chatice para a mulher dele, deve ser uma chatice para ele ter a mulher que é tão coerente assim. Não dá!

É preciso uma coerência com relação a determinados pontos fundamentais do discurso e da prática. Até que chega o momento em que é já a minha prática que é o meu discurso. Quer dizer, quando a gente alcança um nível em que é a prática da gente que fala e não mais a fala que diz da prática, mas é a prática que fala da fala, o que vira discurso, aí sim a gente ganha paz, entende?! Não é fácil ganhar isso. É fundamental lutar para alcançar esse nível.

Agora, depois dessa introdução, já meio extensa, eu queria colocar para vocês duas ou três virtudes ou qualidades, e cada um de vocês pode pensar em outras tantas virtudes de que eu não tenha falado aqui. Virtudes que eu penso que são importantes, necessárias, a uma educadora ou a um educador que tenha a opção pela reinvenção do mundo e não pela repetição do que aí está. Portanto uma opção libertadora e não uma opção reacionária. As qualidades da educadora reacionária ou do educador reacionário, eu deixo que ela ou ele mesmo estude. Não estou muito interessado em estudar as qualidades dos reacionários.

Bem, eu vou dizer aqui umas três ou quatro virtudes e a primeira que vou dizer não significa que é a mais importante, é a que pensei primeiro. Antes, porém eu gostaria de dizer a vocês que quando eu falo em virtude, por exemplo, eu não estou falando numa certa qualidade que alguns privilegiados e algumas privilegiadas recebem. Nessa virtude que caísse numa terça-feira de noite... do céu... abrindo um buraco e, de repente caindo a virtude...e a gente bebendo a virtude, engolindo a virtude. Não, quando eu falo em virtude eu estou falando em algo que a gente encarna ou não encarna. Em algo que a gente faz, cria, de que a gente se embebe, que a gente intensamente vive e não como uma coisa assim, abstrata, solta, metafísica, que eu vou buscar em algum lugar. Por exemplo, como se houvesse uma faculdade, num recanto da escola ou numa escola, um departamento das virtudes e que a professora ou o professor antes de dar aula fosse ao departamento e pedisse ao funcionário encarregado: "Me dá um pouco da virtude da paciência". Não é isso. Eu falo da virtude como uma coisa que a gente vai construindo na prática, como uma coisa que a gente vai vivendo, como uma coisa com a qual a gente vive e convive.

Uma dessas virtudes para uma educadora de opção progressista, na melhor das hipóteses, para não dizer revolucionária, porque eu tenho muito respeito por essa palavra, uma dessas virtudes é exatamente aquela de viver intensamente a relação contraditória entre paciência e impaciência. Um educador ou educadora do tipo com que a gente está sonhando nesta sala hoje, como educador, nem deve ser só paciente nem nunca ser apenas impaciente. A pessoa que é só paciente, sem nunca uma dose de impaciência, só ajuda o lado do dominador. Os dominadores dormem em paz na medida em que eles sabem que grandes setores da sociedade estão pacificados, apascentados, pacientes. Essa história, por exemplo, de dizer: "Meus filhos, tenham paciência que de vocês é o reino dos céus", não está certo. Essa ideia, com todo o respeito às minhas queridas irmãs e aos meus queridos irmãos aqui presentes, esse discurso tem, ou ele explicita uma horrível teologia, uma falsa teologia que é a teologia que separa indevida e absurdamente a mundanidade da transcendentalidade. O que é impossível. A impaciência sozinha ajuda o dominador, porque a impaciência sem a paciência, nos leva a um tipo de prática ativista, à qual se nega uma reflexão crítico-teórica absolutamente indispensável à compreensão do contexto sobre o qual se atua. Além do mais, a paciência só e a impaciência só, terminam por ser a-históricas. Elas perdem a dimensão da história e falham ambas. Uma, a primeira, a **paciência só**, nos leva quase sempre a uma coisa que a gente chama em política e também em pedagogia, de espontaneísrno, que é no fundo o "deixa como está para ver como fica", que só ajuda mesmo à direita. A segunda, a **impaciência só**, nos leva a um ativismo cego. Explicita enfim, em quem só é impaciente a falta de rigor, de rigor científico, de rigor histórico misturado com certa incompetência, misturada com uma arrogância tremenda de quem se acha como proprietário da verdade.

Então, seria como pensar: "Eu sou o dono da revolução e a revolução tem que ser feita hoje de noite". Não dá! Isso não existiu na história, também. Eu sempre digo nos debates de que faço parte, que até hoje nenhuma revolução chegou ao poder numa certa terça-feira às quatro horas da tarde. Toda revolução foi sempre um processo. E um processo do qual grande parte aparece como invisível ao próprio revolucionário. A grande revolução deste país pequenininho, extraordinário que se chama Nicarágua, teve e tem como seu grande líder, um homem que foi assassinado em 1934, e que começou a atuar nos anos 1920. E a revolução só chegou ao poder em 1979. Portanto, não chegou numa certa terça-feira, por acaso. Isto, eu repito, não existe na história.

Então, o educador ou a educadora, numa perspectiva crítica, histórica, dinâmica, progressista, a serviço da causa justa, que é a da superação de uma sociedade injusta, jamais é paciente ou jamais é impaciente porque ele ou ela é sempre impacientemente paciente. É assim que eu penso que um educador ou uma educadora nessa perspectiva atua. E essa é a posição dele ou dela também diante do aluno, diante do jovem que chega com a sua curiosidade, mas chega também com a sua ingenuidade natural, e que faz uma pergunta, que nem sempre para a professora ou para o professor é considerada como pergunta crítica, uma pergunta válida e crítica. Por isso é que uma educadora ou um educador, numa perspectiva como essa, jamais ironiza uma pergunta feita por um educando, uma educanda. Jamais faz um riso de zombaria a uma pergunta, por mais aparentemente boba que seja. Porque quem vive assim, criticamente inserido num processo de transformação, não tem esse direito. Para uma pessoa assim toda pergunta merece resposta e, meus amigos, minhas amigas, esse saber é uma virtude. É aprender a viver impacientemente paciente sabendo que a história não se faz por decreto, a história não se faz na cabeça de ninguém. A história se faz na práxis político-social. É na transformação do hoje que fazemos o amanhã por antecipação.

Quando eu era menino, um dia pedi à minha mãe para comprar umas mangas bonitas numa feira e ela me disse: "Não, meu filho, não prestam, elas foram amadurecidas por carbureto". Não sei se aqui também se faz... se fazia isso no Recife. Eu costumo sempre dizer o seguinte: a uma manga você pode dar uma casca rosada, com aparência de madura usando o carbureto. A história não, não se faz história com carbureto. História se faz fazendo a história e fazendo a história que é possível ser feita, não a história que a gente meteu na cabeça que devia ser feita. Essa é uma das virtudes que a gente vai aprendendo, até que a gente se apodera da virtude.

Outra, que também é fundamental, é exatamente a do **respeito aos níveis de percepção do real, do concreto, do mundo, o respeito ao nível das urgências, isto é, das necessidades dos educandos e das educandas**, sejam eles ou elas estudantes de um primeiro grau, de um segundo, de um terceiro, sejam estudantes de uma área popular, de um processo de educação popular.

O que não é possível é partir das nossas exigências, da nossa compreensão do mundo, sem tomar conhecimento de qual seja a compreensão do mundo que o educando ou a educanda tem. Isso não significa que eu esteja dizendo que o educador, a educadora nesta perspectiva — porque a revolucionária é exatamente o contrário disso — fique ao nível de onde se acha o educando e não saia dele, em nome do respeito à percepção do educando, da educanda. Não! Tem que sair desse nível com o educando e tem que ultrapassar o conhecimento de senso comum até alcançar a rigorosidade maior do conhecimento científico. É absolutamente fundamental fazer isso! Daí a importância a que me referi antes da competência científica, da competência técnica da educadora ou do educador. Mas não é possível partir do que nos parece que deva ser o que os educandos devam aprender, sem levar em consideração o que eles/as também queiram aprender e sem tomar em consideração o que eles já sabem antes de vir para a escola.

Vejam que todos nós estamos sempre num certo aqui e num certo agora. E isto é uma das condições fundamentais do ser humano, é o de estar sempre num aqui e num agora, mas, mais do que estar no aqui e no agora, que o cachorro também está, a árvore também. Entre nós, humanos, há uma consciência de que se marcha. Mas ninguém, estando aqui, pode chegar lá, partindo de lá, mas sempre partindo daqui. Imaginem vocês se eu tivesse querido chegar a Vitória da Conquista, estando em São Paulo partindo de Vitória da Conquista! Eu teria ido para um hospital de alienados. Minha mulher teria que chamar um bom psicanalista, um psiquiatra para cuidar de mim. Quer dizer que para eu chegar a Vitória da Conquista, estando em São Paulo, eu não podia partir de Vitória da Conquista, senão de São Paulo. Isso é muito óbvio para nós todos quando se trata de espaço, quando se trata de espaço físico, geográfico. Ninguém se confunde. Todo mundo que está, por exemplo, do lado de cá duma rua e que quer passar para o lado de lá, sabe que parte de cá e não de lá. Isso começa a não ser muito óbvio quando o espaço não é mais físico, é histórico, quando o espaço é cultural, quando o espaço é o espaço do conhecimento. Então isso começa a deixar de ser óbvio e entra o autoritarismo.

Por isso é que o educador que não considera o espaço ou o tempo, o tempo do conhecimento em que se acha o educando que não é necessariamente o mesmo tempo do conhecimento do educador, passa a ser autoritário. Então o educador quer que o educando parta do ponto em que ele, educador, está e não do ponto em que está o educando, apela para o autoritarismo.

E essa é uma larga tradição, tradição que já virou natureza, pois, é de tal maneira forte que quando o educador convida o jovem educando a refletir sobre isso, o educando diz para ele "Olha, professor, deixa de conversa, tu estás embromando, dá tua aula. Eu vim aqui porque não sei e quero que você dê a sua aula hoje porque você sabe". Interessante, o educador faz uma proposta de libertação crítica e o educando exige continuar dominado. Exatamente pela habituação da ideologia dominante que a gente vive.

Quando estou me referindo a este problema, a diferença de estar aqui, estar lá, partir de lá, partir de cá, porém insisto na urgência de se ter sensibilidade para reconhecer que nem sempre a urgência do estudante é a mesma do professor. Eu não quero de modo nenhum dizer que o professor é igual ao aluno. Não é mesmo, não. Há uma diferença radical entre professor e aluno. Inclusive essa diferença precisa ser bem vivida. É preciso fugir a todo tipo de populismo pedagógico que pretende igualar o professor ao aluno. Isso é mentira. Isso é falso. Eu não sou igual aos estudantes. Agora, o que é preciso ficar claro é o seguinte: a diferença entre o professor e o aluno é a mesma diferença entre o pai e o filho, a mãe e o filho, é a mesma diferença entre autoridade e liberdade, por isso é que há uma tensão sempre na relação entre educador e educando.

Essa diferença, entretanto, não é necessariamente uma diferença que não se concilie. A diferença que não se concilia é a diferença entre classe opressora e classe oprimida. Essa é inconciliável. A superação da contradição de opressor-oprimido só se dará quando o oprimido reinventar o poder. Isto é, quando ele tomar o poder opressor e criar outro poder. Aí é que se supera. Mas essa não é a situação, necessariamente, da relação educador-educando. Essa relação pode, porém, virar inconciliável. Como e quando? Ela vira inconciliável quando a autoridade do professor deixa de ser autoridade e se transforma em autoritarismo e a liberdade do aluno fica dependente totalmente, fica manietada pelo autoritarismo da autoridade do professor. A outra hipótese também é quando a liberdade dos educandos e educandas termina por esmagar a autoridade do professor, assim, em lugar de liberdade, você teria a licenciosidade. E a autoridade sumiria. Em ambas essas hipóteses não há disciplina. Uma das coisas que mais me assusta é quando vejo uma classe muito bem-comportada, em silêncio. Eu fico a me perguntar por detrás dessa classe que autoritarismo existe, sobretudo quando é classe de crianças. Porque não há disciplina sem essas virtudes sobre as quais falei. Na medida em que você foge do risco da liberdade, você se castra.

A tradição brasileira é a tradição da primeira hipótese — do autoritarismo. O autoritarismo da função e o autoritarismo do saber. É incrível isso! Esse é um país que foi inventado de cima pra baixo. Em 1640 neste Estado da Bahia, na cidade de Salvador, no Hospital da Misericórdia, Vieira fez um sermão que foi o seu sermão mais político, recebendo o Marquês de Montalvão, vice-rei do Brasil, e que, vinha naquela época aqui para ver em que pé estava a luta com os holandeses. Vieira fez um discurso que se o fizesse hoje, estava enquadrado na Lei de Segurança Nacional. E no começo desse discurso, que é um sermão, o Vieira dizia: "A grande enfermidade deste país tem sido silenciar a quem vem sendo submetido pela Coroa. Várias vezes o Brasil quis falar, quis protestar, e a sua voz lhe foi tolhida na garganta pelo poder de arbítrio". Este sermão eu só estou citando porque foi Vieira quem disse. Isso em 1640.[46]

Por isso é que para mim, na medida em que a gente, como educador ou educadora, aprende a compreender que as urgências dos outros, apesar das diferenças da gente, apesar da gente saber que o educando ou a educanda tem que alcançar um nível maior de rigor de conhecimentos, o educador ou a educadora tem consciência que não estão no mesmo nível, mas rechaçam o autoritarismo. Não há dúvidas que têm. Mas, o professor não pode ser um paternalista, não pode estar passando a mão na cabeça do estudante, não pode estar querendo ser agradável para o estudante achar ele bonzinho. O professor tem que reprovar estudante também. Eu até gostaria que os estudantes me aplaudissem quando eu disse isso.

---

[46] Paulo Freire mostra conhecer este amante da palavra e revolucionário, como ele, pois se refere ao sermão do Padre Antônio Vieira (1608-1697), pregado por ocasião da visitação de Nossa Senhora, diante do Marquês de Montalvão (1592-1652). "Bem sabem os que sabem a língua latina que esta palavra *infans*, infante, quer dizer o que não fala. Neste estado estava o menino Batista quando a Senhora o visitou, e neste esteve o Brasil muitos anos, que foi a meu ver, a maior ocasião de seus males. Como o doente não pode falar, toda a outra conjectura dificulta muito a medicina. Por isso Cristo nenhum enfermo curou com mais dificuldade, e em nenhum milagre gastou mais tempo que em curar endemoninhado mudo. O pior acidente que teve o Brasil em sua enfermidade foi o tolher-se-lhe a fala: muitas vezes se quis queixar justamente, muitas vezes quis pedir o remédio de seus males, mas sempre lhe afogou as palavras na garganta ou o respeito, ou a violência, e se alguma vez chegou algum gemido aos ouvidos de quem o devera remediar, chegaram também as vozes do poder, e venceram os clamores da razão".

Agora o que é preciso é que para o educando, a educanda, para que o aluno ou a aluna reconheça que precisa inclusive ser reprovado, reprovada, precisa, sobretudo reconhecer, primeiro, o testemunho de decência, de honestidade, de coerência e de competência do seu professor, da sua professora. E é exatamente nesta relação diferente que os dois crescem: o professor, a professora crescendo com o aluno, aluna e ambos crescendo com o professor, o aluno crescendo com o companheiro e a companheira, e o professor, a professora como companheiro, companheira.

Acredito, minhas amigas e meus amigos, que isto é um aprendizado altamente político, é uma militância política. Fazer isso em todos os níveis em que a gente possa dar o testemunho da disciplina de leitura ao estudante. É preciso convocar essa moçada para ler. Porque essa moçada está chegando, sem culpa dela, ao segundo ciclo e ao terceiro, sem saber ler nem escrever. Sabe ler outra coisa, mas não sabe ler a literatura que a escola exige. Mas a culpa também não é só da moçada, nós, professores mais velhos, temos que encontrar caminhos para, desafiando os jovens que não estão sabendo ler, que não estão sabendo escrever, a aprenderem conosco a ler e a escrever. É preciso que os moços e moças pratiquem a leitura e a escrita. Uma sem a outra, não é possível. É preciso escrever para ler. Vou dizer aqui hoje o que eu sempre digo aos estudantes com quem trabalho: se acostumem a ler, a escrever. Vou provocar dez dos aqui presentes a fazerem durante o resto da vida o que vou sugerir, e eu espero que um dia me escrevam para dizer que estão lendo e escrevendo. Pois bem, antes de dormir, cansados ou não, vão para seu lugarzinho de estudar. Leiam uma página e escrevam um bilhete, mesmo que não mandem para nenhum destinatário. Escrevam um bilhete a uma pessoa que não existe, se é que não há algum amigo a quem se possa mandar o bilhete ou a carta. Comecem fazendo bilhetinhos, escrevam cartas, comecem a escrever. Registrem as suas ideias diariamente, pensem, ponham no papel o que pensam. Não tenham vergonha de pensar coisas aparentemente bobas. Não há bobices! Tudo é válido: escrevam, corrijam, aprofundem o que pensam. Façam isso! Porque se não fizerem isso a possibilidade é de que escrevam e leiam com dificuldades. Eu tenho tido experiências assim fantásticas nisso. Há uns dois anos, por exemplo, na Universidade de Campinas, onde eu também sou professor, em São Paulo, no Curso de Graduação de lá — num semestre eu dou aulas na Graduação e no outro semestre na Pós-Graduação, na PUC é que eu só dou aulas na Pós-Graduação — eu pedi que os estudantes escrevessem um texto sobre um tema qualquer, e no dia marcado uma moça muito inteligente, muito brilhante, me trouxe um telegrama. Ela redigiu um telegrama sobre o tema. Claro, muito inteligente, ela conseguiu sintetizar, numa linguagem telegráfica, um mínimo de ideias centrais. Agora, ela não fez isso porque quisesse brincar nem me desrespeitar, nada disso! Ela me respeita na medida em que me quer bem, também. Não tem medo de mim. A minha barba branca não assusta ninguém. Ela fez isso porque não teve possibilidade de escrever. E olha que a estudantada da Unicamp é uma espécie de elite de Universidade do Brasil. Então essa virtude de, compreendendo o estudante, seja ele ou ela um ou uma estudante daqui, da Unicamp, seja um favelado, uma favelada, compreendendo as urgências do educando, da educanda, é sempre partir das suas condições reais.

Eu não vejo como você possa viver fora de lição de **humildade**. Agora, a humildade não significa a falsa humildade.

Eu acho horrível a falsa humildade. Ela é pior que a imodéstia. É uma imodéstia afrontosa, metida a besta, se eu pegasse esse microfone, para lhes dizer "que não deveria bem ser eu para falar para vocês, outras pessoas mais talentosas do que eu poderiam estar aqui lhes dirigindo a palavra. Então eu não devia ter aceitado o convite. Se eu estou convencido de que eu não devia estar aqui então eu deveria ter dito para Maria Iza: "Olha, chama outro professor". Não! Eu aceitei porque sou competente mesmo! Agora essa competência que eu tenho não foi doada a mim, nem eu recebi de graça. Essa inclusive, não é competência. A verdadeira competência está sendo... e pode deixar de ser. Isso é exatamente a consciência crítica que eu tenho de que não sou porque, na realidade, estou sendo. E isso não me faz imodesto. Simplesmente eu não devo ficar dizendo isso a todo momento, obviamente, porque eu acho que isso é imodéstia. O sujeito que vive trombeteando seu valor e dando informações desconhecidas e desnecessárias a propósito de si, isso aí sim é imodéstia.

Mas negar e deixar de assumir a sua possibilidade de reconhecer o limite da modéstia é antipedagógico. Imagine você se eu chegasse aqui para realmente dizer: "Não, não acredite muito nessas coisas que eu estou dizendo, não". O que eu digo é o seguinte: "Eu estou convencido do que eu digo. Tenho fundamento para dizer o que estou dizendo, agora vocês não são obrigados, nem devem aceitar isso passivamente. Vocês têm que brigar. É um bom exercício: chegar em casa hoje à noite e antes de dormir, fazer notas sobre isso, aprofundar algumas coisas que eu disse, discordar disso, concordar com isso e ir mais adiante do que eu disse". Isso é um ato humilde porque você é tanto mais humilde diante do mundo, diante da história, diante dos outros, quanto mais você tem coragem de continuar a brigar. Eu tenho visto muita gente fanfarrona que apregoa muita coisa de si mesma e na hora do aperto dizer que não tinha competência nenhuma. Na hora do aperto dizer: "Não, o senhor está equivocado, não era bem eu que... eu não sei essas coisas". Mas antes sabia tudo! Quer dizer, essa virtude que o educador e a educadora devem criar em si, na sua prática, que é profundamente pedagógica, é o testemunho dela mesma.

Vejam, minhas amigas e meus amigos, vocês educam com o testemunho, e a palavra só é testemunhal quando ela coincide com o testemunho da prática. Aí o filho que ouve o pai dizer uma coisa e vê o pai fazer outra, acredita no que ele faz e não no que ele diz.

A humildade não se ensina com sermão, não se ensina com discurso, porque surge com testemunho prático. Quer dizer, é vivendo a prática da humildade que você testemunha ao educando, à educanda, que ela é fundamental na busca curiosa do ser humano no mundo. Não é possível ter uma virtude aqui, nas segundas e quartas, a virtude da humildade lá, nas terças e quintas. Assim o sujeito está apenas fazendo fanfarronices! Não! Tem que haver de novo a coerência.

Eu fecharia a minha conversa falando de outra virtude, a **tolerância**. Bom, se a gente fosse pensando na possibilidade de eu passar uma semana aqui, o que é inviável pelo meu tempo disponível, nós poderíamos fazer assim: depois de eu ter falado sobre a primeira virtude eu ficaria calado e pediria que vocês fossem dando outras, e a gente passaria uma noite toda aqui falando de virtudes. Quero dizer, das virtudes necessárias ao educador, da educadora progressista, porque inclusive a gente ia pensar em algumas que a gente não está vendo por aí, mas que precisam ter.

A virtude da tolerância é fundamental. Eu não sei se vocês concordam comigo, mas a sociedade brasileira é profundamente autoritária, ela é profundamente arrogante e profundamente intolerante. Vocês não imaginam, quando eu voltei para o Brasil definitivamente, depois de tantos anos longe daqui, proibido de ficar pelo arbítrio, e eu começava a ver os programas na televisão com uma curiosidade enorme assistia, de vez em quando, certo representante do poder falando, falando a nós. E eu dizia para Elza: "Minha nega, a impressão que eu tenho é que esse cara está falando para 120 milhões de meninos débeis". É essa a impressão que ele me dava no discurso. São 120 milhões de imbecis, porque senão não era possível fazer esse discurso. Com a arrogância com que falam, com a incrível e comum frase "Sabe com quem está falando?", é uma presença na sociedade brasileira ainda hoje.

A intolerância do professor pelo aluno que não é parecido com ele, pelo aluno mais inquieto, pelo aluno mais curioso, mais indisciplinado. O professor não aguenta o cara. Mas o aluno também é intolerante com o professor, com o colega, com a colega. Na vida política, por exemplo, os grupos diferentes da esquerda brasileira têm intolerância entre si. No Brasil, na América Latina toda, a gente fala da esquerda no plural e a direita no singular. Vocês veem? E é lógico. Tem uma direita e algumas centenas de esquerdas. Tem esquerda que não acaba mais. Tem tudo quanto é letra que se junta com a outra e forma um grupo de esquerda. E uns agarrando-se com os outros. Uns contra os outros. A intolerância é um negócio incrível. Talvez algum de vocês me perguntasse: "Mas, Paulo, e que diabo é a intolerância? Será que a tolerância não é acomodação? Que tolerância não é o entregar-se?" Não, não é.

Eu vou dizer, pelo menos para mim, o que é a tolerância. Para mim a tolerância é a virtude de conviver com o diferente para poder brigar com o antagônico. Isso é que é a tolerância. Quer dizer: o diferente de mim, eu tolero e ao aprender a tolerá-lo e ele aprender a tolerar-me, nas nossas diferenças adjetivas e não substantivas, nesse aprendizado da tolerância, eu aprendo a brigar mesmo com aquele com quem eu não posso ser tolerante porque é o antagônico mesmo. Quero dizer, porém, que entre nós a intolerância é a constante. É a marca fundamental na escola, na vida pública. É por isso que eu disse que a humildade corta as virtudes, ela permeia essas virtudes todas. Sem humildade você jamais aprende a tolerância. Porque uma das características fundamentais da intolerância que é o sectarismo, é que o intolerante faz um muro bem forte e fica por trás do muro que é o muro de segurança dele. Esse muro defende a '"verdade" dele, a "verdade" do seu grupo, a "verdade" de sua filosofia, a "verdade" de sua ideologia, a "verdade" da sua "revolução". Todo cara que é diferente, que passa por perto, "ele" manda bala logo porque o outro é diferente. Então ele sai de detrás do muro, de noite para levar a intolerância dele para outras pessoas, fazendo o discurso intolerante também, que é um discurso que às vezes nem ele mesmo entende.

Eu acho que se a gente pudesse desenvolver na prática, como aluno, como professor e professora, e experimentar a criação destas virtudes, a gente estaria dando uma contribuição mínima, mas uma contribuição que seria muito boa ao presente e ao futuro ao nosso país.

Ontem à noite nós não dialogamos, eu palestrei, mas agora à tarde vamos começar pela pergunta que vocês me fizeram de manhã sobre a avaliação, indagando como fica a avaliação dentro da educação conscientizadora. E eu começo dizendo que se trata de uma pergunta fundamental. Mas, primeiro, eu gostaria de deixar para vocês jovens e a vocês menos jovens, com muita clareza, com muita ênfase, o que eu penso sobre outras coisas também fundamentais. Às vezes acontece, e vocês devem observar isso aqui também, em Vitória que, em nome de uma educação libertadora, em nome de uma prática democrática, às vezes se defendem absurdos. Por exemplo, na medida em que eu aceito uma educação libertadora então não há mais disciplina, não há mais ordem, quer dizer, então que o estudante pode fazer o que quer fazer. Ontem à noite, inclusive, falei um pouco rapidamente sobre isso. Isso não é educação para liberdade, isso é licenciosidade.

Com relação também ao problema da avaliação, muita gente diz o seguinte: "Olha, se a educação agora é para a liberdade, então vamos acabar com esse negócio de avaliar, vamos acabar com esse negócio de dar notas". Não é possível isso, não há nenhum país no mundo, inclusive, que tenha feito revolução em que não haja disciplina e rigor na avaliação. Quer dizer, este negócio de, em nome da liberação, dizer: "Agora não vale mais avaliar", é falso.

Obviamente que a questão que se coloca agora é saber o que é avaliar e como avaliar menos autoritariamente. Isso sim! Por que não é possível deixar de haver avaliação? Não é possível simplesmente pelo seguinte: porque não há nenhuma prática, não há nenhuma ação que possa prosseguir e melhorar, que possa se renovar sem ser avaliada. Quer dizer, a questão é entender o que é a avaliação, quando se dá a avaliação e como se dá a avaliação. Há uma compreensão ingênua da avaliação, segundo a qual a avaliação é um momento fora da prática, é o momento que se dá no fim de uma determinada prática.

Do ponto de vista tradicional, a avaliação do ato de conhecimento do estudante se dá nos momentos de provas, ou no meio ou no fim do curso. Isso para mim está errado. Da mesma maneira como não há nenhuma prática, nenhuma ação que não implique a programação. Então programar e reavaliar são momentos da prática. Talvez eu pudesse dizer o seguinte: quando a prática se pergunta — como se a prática fosse uma entidade — a si mesma em torno dos seus diferentes momentos do seu processo, quando a prática se pergunta como vai ser, a prática se programa. E acontece que a prática se reprograma, precisamente porque se programa. Quero dizer: não há nada que sendo programa do ou programa da, não se reprograme. Então, não há tão pouco isso que muita gente pensa, uma programação antes, definitivamente separada da prática. Como não há uma avaliação definitivamente depois da prática. Porque da mesma maneira como a programação se dá quando a prática se pergunta "como vai ser", a avaliação se dá quando a prática se pergunta "como foi". E como toda prática, toda programação implica reprogramação, toda avaliação implica em reavaliação. No fundo então a prática se programa e se reprograma na medida em que se avalia. É a própria avaliação da prática que faz com que ela se reprograme, mude e se reoriente.

Ora, se a gente entende a prática assim, numa perspectiva dinâmica, não estática, e não pré-fixada, se a gente entende a avaliação e a programação desta forma, em primeiro lugar, uma das primeiras consequências disso que a gente deveria levar em consideração é que, na verdade, a gente não deve avaliar propriamente o educando, mas a gente deve avaliar a prática do educando, os resultados dessa prática. Então é fundamental avaliar até que ponto a prática da gente tem sido eficiente no sentido de cumprir o seu objetivo fundamental enquanto prática do conhecimento. É preciso saber, então, até que ponto o educando começou a conhecer mais, conhecer melhor, trabalhando comigo, na minha prática e na prática que é minha e que é dele, a própria prática de conhecer. Por isso mesmo então, é que tanto quanto possível a prática da prática de avaliar o estudante, ele também deve participar. Mas, eu não estou querendo dizer que de agora em diante, então, o estudante avalia se quiser e o professor que vá para o inferno. Não. É absolutamente indispensável avaliar. Mas há um aspecto a mais do processo da avaliação, que é importante, que é fundamental e que dá ao educador ou à educadora, um elemento a mais da sua diferença com relação ao educando, à educanda, um elemento legítimo, inclusive. E qual é esse elemento? É o poder indiscutível, o poder que tem o educador, a educadora de atribuir, na avaliação, ao educando uma certa nota sem a qual ele não passa de um curso para o outro, de um ano para o outro, de um semestre para o outro. Esse poder que o professor e a professora ganham e o que lhes é imposto, que lhes é dado, atribuído pela sociedade que se organiza, é um poder que pode, indiscutivelmente, na mão de um autoritário, de uma autoritária, transformar-se em arbítrio. A questão que se coloca ao educando, à educanda, então, não é a da recusa ao dever que tem o professor, a professora, de atribuir uma nota a ele, a ela. A briga não deve ser aí, não. A briga não é para acabar com a avaliação, mas para democratizar a avaliação. O direito de dar nota é fundamental ao processo de avaliação num sistema educacional. Eu não conheço um lugar sequer onde não tenha isso. É na União Soviética, como é nos Estados Unidos. É em Cuba, como é na Nicarágua. É aqui, como é na

Suíça. Agora, a questão é saber se o processo é democrático. A questão é saber se o poder do avaliador, da avaliadora, é um poder que lhe exacerba, que é injusto. Mas o que eu não posso é anular, é defender a tese da negação disso porque há professores arbitrários ou professoras arbitrárias. Não, eu combato as professoras, os professores arbitrários, assim como combato as professoras, os professores licenciosos, os que fazem um discurso demagógico, dizendo que não precisam da avaliação. Não! A avaliação é importante, a avaliação é fundamental. Uma coisa que para mim é básica: a educadora, o educador, precisa ter, em primeiro lugar, uma compreensão dinâmica, dialética do ato de avaliar. Ele ou ela precisam saber, por isso mesmo, que a avaliação não se dá numa nota final de um exame, nem se dá numa nota final de texto, de uma prova que se fez. A avaliação se dá diariamente. Quer dizer, é a participação do estudante em grupo, na sua sala, no seminário. É a criatividade do estudante, a curiosidade, a indagação, a maneira de criticar do estudante, que deve ir sendo somada pelo educador no sentido de ir avaliando o aluno, a aluna. Tudo isto deve constituir uma apreciação global do educador, da educadora. De maneira que, afinal, a nota, que na Universidade se chama "crédito", e que tem até outro nomezinho, "conceito", seja uma avaliação que faça o aluno e a aluna crescerem.

Há uma coisa que nós não podemos superar nem mesmo numa revolução, a nível geral, é que, e aí está a diferença, uma das diferenças entre o educador e o educando, é que o educador dá nota ao educando, este não pode dar nota ao educador, à educadora. Democraticamente, porém, eu acho que o educando e a educanda teriam o direito de, no fim do ano — e eu faço isso com estudantes com quem trabalho — podem participar de uma sessão de avaliação mútua em que o educando, a educanda sugerem novas medidas ao educador, à educadora, criticam o educador, a educadora, apontam falhas que encontraram na sua prática comum. Esse tipo de participação avaliativa dos educandos acho fundamental para a promoção do educador, da educadora. Mas negar a necessidade da avaliação eu acho populismo, e não postura revolucionária. Para mim isso é mais fundamental até do que avaliar um texto que o educando escreveu com erros de sintaxe.

Vocês perguntaram qual é a minha visão da seleção de conteúdos, avaliação e planejamento do ponto de vista da didática moderna.

Talvez eu possa acrescentar um pouquinho mais para atender melhor essa pergunta. E olha, eu acho que a gente precisa superar certa compreensão também ingênua e mecanicista do currículo. Afinal de contas o currículo é muito mais do que a programação de um conteúdo. O currículo numa compreensão dinâmica, ampla, globalizante, tem que ver até com os horários de criatividade, com os horários do semestre e abarca todo o conjunto de atividades de uma prática educativa. Nessa compreensão global, democrática do currículo no que diz respeito à organização programática, que é o capítulo da visão global do currículo, acho que o papel do estudante, do educando deveria ser por direito e não por favor, muito maior do que vem sendo.

Eu sei que uma das críticas que alguns educadores me fazem, sobretudo no Brasil, é esse ponto aí. E há gente que diz hoje, com certa ironia: "Agora já há em várias universidades brasileiras o mau gosto de certos professores de darem testemunho falso, populista aos educandos, os convidando a participarem da elaboração", até exageram, e dizem, "'convidando os educandos a fazerem eles mesmos o seu programa". Coisa que eu nunca propus. Acrescentam: "Isso significa irresponsabilidade do populismo na pedagogia". Eu nunca fiz isso. Distorcem o que eu escrevo e falo.

Eu defendo que o educando e a educanda tenham o direito de contribuir com sugestões, pelo menos com relação aos programas dos cursos. E para mim não se explica, não se justifica que os alunos e alunas não tenham participação no seu processo educacional. Às vezes é possível até que os educandos não tenham condições de contribuir para a programação de um curso, por exemplo, de Física, de Biologia, de Química. Se no campo das Ciências Exatas, das Ciências Matemáticas isso é possível, há em geral uma espécie de espanto dos jovens com relação a organizarem o programa. Mesmo nos cursos totalmente programados pelos professores e professoras, esses não podem invalidar o direito que têm o educando e a educanda de pedir-lhes que, de vez em quando, em determinados aspectos, ensinem essa ou aquela disciplina.

Eu gostaria de me dirigir, sobretudo ao professor, à professora para dizer a ele e ela que nessas disciplinas há, não tenho dúvida nenhuma, a possibilidade de relacionar com o real, com o concreto, com a experiência do educando e da educanda, determinados aspectos da ciência abstrata que eles e elas estão ensinando. Eu tenho um grande amigo, professor da Universidade de Campinas, que é físico-matemático, professor de Física, e ele costuma sugerir aos estudantes, por exemplo, que no próximo fim de semana façam uma determinada atividade.

Ele diz: "Eu vou dar uma tarefa para vocês, que é a seguinte: 'cada um de vocês em sua área, na área que quiser, passe, use o sábado, ou parte do sábado, parte do domingo, nas áreas populares registrando e conversando com homens e mulheres do povo sobre como esses homens e essas mulheres do povo veem o mundo, o mundo físico'". Diz ele, no fundo todo mundo é físico; nem todo mundo, porém, é rigorosamente físico. Mas há um senso comum da Física como há um senso comum da Biologia, da Medicina etc. Quer dizer, ele propõe que os estudantes aprendam alguns aspectos do senso comum da Física do povo. Como é que o povo vê o Cosmos, por exemplo. Na outra semana, no dia da sessão do seminário que ele coordena, ele discute com os alunos e alunas o senso comum que têm o povo com relação ao Cosmos. Discute a sabedoria popular com relação ao universo e sobre essa discute também a do estudante, e a visão rigorosa da ciência. Ora, por que não? Por que não perguntar a grupos populares o que é a vida e não discutir isso no campo da Biologia? A questão hoje, eu dizia no debate com os professores e as professoras, na Universidade, a questão é que há uma concepção do currículo que é comandada por uma espécie de ditadura do tempo. Você tem três meses para dar vinte lições, e eu estou dizendo "lições" de propósito, não porque eu esteja fazendo ironia. São vinte lições, não são temas. E então é preciso que dentro de um mês o professor dê as vinte lições. Isso é a ditadura do tempo, de um tempo ingenuamente apreendido. Evidentemente que a gente não pode da noite para o dia fazer isso porque uma sociedade, para fazer isso, tem que realizar uma modificação profunda, uma mudança radical. E para reinventar a sua educação é preciso reinventar a sociedade também. Mas essa era uma observação com relação ao problema dos conteúdos. Os conteúdos programáticos, no meu entender, não podem e não devem continuar a ser apenas o resultado das opções da sabedoria de quem ensina.

Agora, é claro que a geração mais velha está assumindo a responsabilidade de ajudar na formação das mais novas, assim, ela tem uma responsabilidade que é a de pôr, a de situar no corpo de inquietações que têm os jovens, alguns temas científicos fundamentais que não foram propostos pelos jovens, e que colocados diante deles, não receberam resposta sobre a necessidade que tinham de aprender aquele conteúdo. Então, cabe nesse caso ao educador e à educadora, dizerem: "Olha, cara, vocês querem discutir isso e isso, está ok. Vamos discutir do ponto de vista científico. Agora, além disso, é preciso discutir mais: a, b, c, d, porque são temas fundamentais". Na *Pedagogia do Oprimido,* os chamei de "temas dobradiças". Isto é, temas que facilitam o que as dobradiças facilitam nas portas. Isso para mim é importante porque são coisas que a gente pode, pelo menos minimamente, fazer, sobretudo numa faculdade pequena como a de vocês.

Vocês disseram que as áreas úmidas junto aos açudes, aguadas, barreiros e cacimbas são equivalentes às áreas agricultáveis de todo o Estado da Califórnia, e então me perguntaram onde está a seca do Nordeste Brasileiro?

Eu acho essa pergunta excelente. E digo mais a vocês, eu fico profundamente contente e feliz que nesta cidade do Nordeste uma pessoa entre vocês tenha feito essa pergunta e inclusive a ter feito com humor. Quer dizer, o autor ou autora da pergunta diz tudo, eu nem precisava responder, bastava chamar a pessoa que fez a pergunta para vir aqui dizer o que está por trás da pergunta dele ou dela. Quero dizer que eu concordo inteiramente com quem a fez. Eu vou respondê-la dizendo da minha felicidade de ouvir isso aqui. Quer dizer, eu acho que esse país está mudando realmente. Há vinte ou há trinta anos era difícil que numa reunião como essa alguém fizesse semelhante pergunta. Sabem por quê? Porque interessa a uma certa classe dominante deste país que as secas continuem existindo. Eu não estou dizendo que seja possível uma pessoa acabar com a seca. Com isto quero dizer que a seca não existe por causa desta classe dominante. Felizmente que ela não tem o poder, não tem esse poder de fazer seca ou fazer chover. Felizmente. Mas, interessa prolongar, por absurdo que pareça, há uma perversidade neste país, interessa prolongar as consequências da seca. Interessa viver de quem morre, neste país.

Passa na cabeça de milhões de brasileiros que a seca é uma oportunidade que Deus dá a quem sofre de se salvar pelo amor a Ele, Deus. Imagine que seria um Deus da gota este! Sim da gota, não danado de bom, mas de ruim, quer dizer, seria um "Deus coronel". É preciso que se faça um trabalho prático e teórico segundo o qual se desafie as massas populares deste Nordeste a uma releitura da realidade, e percebam cada vez mais claramente o problema. Não que eu pense que grande parte destas massas já não está percebendo, eu acho que sim. Mas precisamos aprofundar, espalhar e estender uma percepção crítica desse fenômeno: a natureza não é culpada! A miséria a que as massas deste país se expõem é de ordem social e causada por um regime de espoliação e injustiça. Aqui, às margens do São Francisco, em Juazeiro da Bahia e Petrolina de Pernambuco, as terras agricultuáveis e irrigáveis que não pertencem à massa popular nem aos pequenos proprietários que foram expulsos, produzem laranjas e uvas tão boas quanto a Califórnia, e eu já chupei muita laranja da Califórnia. Sei o que é isso porque conheço a Califórnia. Faz poucos meses que eu estive em Juazeiro da Bahia e chupei uvas que são exportadas para a Europa, enquanto as massas populares à margem do São Francisco não têm água, não têm luz, nem terra. Eu assisti a um filme documentário feito por uma cineasta suíça, na paróquia, na diocese deste bispo extraordinário que é o Dom José,[47] um filme documentário fantástico, em que estas coisas eram postas assim a nu, para que o mundo soubesse. Isso para mim é incrível. Vejam, não estou diametralmente contra a chamada campanha da TV Globo pelo Nordeste.[48] Não! Mas gostei mesmo foi de alguns dos principais artistas das novelas da TV Globo que falaram no primeiro domingo desta campanha, dizendo que o problema não é para ajudar agora, o problema é modificar definitivamente as estruturas deste país. Isso é que é.

A melhor maneira, minhas amigas e meus amigos, meus companheiros e minhas companheiras deste Nordeste gostoso, a melhor maneira que a gente tem de resolver tudo isso e de ter secas amenas, é mudar. Não a terra que está aqui, mas mudar as estruturas políticas, sociais e econômicas deste país. E isso é um ato político que a gente tem que fazer. A gente tem que aprender a mudar quem desmanda no poder. Ou a gente faz isso ou vamos continuar com "obras contra secas" e com outras "TVs Globos" fazendo o que estão fazendo por aí. Eu tenho certeza que a pessoa que fez esta pergunta, talvez tenha mais coisa para dizer do que eu disse, mas acho que era isso que ela queria que eu dissesse.

Vocês mandaram perguntas como essas: "Existe um siste-

---

[47] Trata-se provavelmente do Bispo Dom José Brandão de Castro cuja ação pastoral junto às populações mais pobres de quilombolas, índios, camponeses do Sergipe (1960-1987), pautada pela teologia da libertação, foi mundialmente reconhecida.

[48] Freire se refere à campanha feita pela Rede Globo de televisão, em agosto de 1983, denominada *Nordeste urgente*, em socorro das vítimas da seca.

ma de educação no Brasil? Como é possível uma escola democrática que defende os interesses populares numa sociedade de modelo político autoritário e antidemocrático, uma vez que a escola está inserida num contexto histórico-social e é determinada por este contexto? Há possibilidade de melhoria no sistema educacional sendo o mesmo manipulado por pessoa essencialmente reacionária? Como fazer uma educação libertadora se a sociedade capitalista é opressora de pensamentos idealistas? Como eu vejo a nomeação pelas autoridades competentes de pessoas que nada têm a ver com a educação, para cargos neste setor? Para viver-se uma educação libertadora seria necessário que o sistema de educação estivesse fora do sistema maior? Considerando tal fato, não será um sonho alcançarmos o objetivo a que nos propomos?"

Perguntas inteligentes, e não poderia ser diferente, mas pessimistas. Eu acho que ontem falei aqui da tolerância até mesmo em face do diferente e do contrário mesmo, do antagônico.

Mas vamos voltar à questão. Eu acho que há um conjunto de colocações aqui, mas vamos tocar agora em uma que eu considero o elemento fundamental desse pacotinho de perguntas. Quase todas elas revelam uma amargura e certa descrença, certo pessimismo. Há uma coisa sobre o que eu falei ontem e hoje também, que é essa indiscutível tarefa que a escola tem, qualquer que seja o grau dela, que é a de reproduzir a ideologia da classe dominante, no poder, isto é, quando a classe é dominante e dirigente. A de reproduzir, por isso mesmo, os valores fundamentais da classe dominante no poder e esforçando-se inclusive em dizer e provar que a ideologia dominante da classe dominante, os valores da classe dominante no poder são valores da Nação inteira e não apenas das classes dominantes. Observem o seguinte: se houvesse um dia na história que a classe dominante fosse tão cínica que dissesse o seguinte: "Esses valores são somente nossos, não pertencem a essa plebe inferior, vagabunda que está aí!". Puxa! Era uma burrice. Teve um cara chamado Marx que disse, num dos seus livros, o seguinte: "As ideias fundamentais de um determinado tempo em uma determinada sociedade são as ideias da burguesia no poder e essas ideias, por outro lado, do ponto de vista dos interesses também da burguesia, são colocadas à Nação como devendo ser ideias da Nação inteira e não da burguesia só"[49]. Bem, evidentemente que esta é uma tarefa que eu diria até precípua que a classe dominante empresta à escola, mas acontece que a escola não faz só isso. Eu gostaria de dizer às pessoas que evidenciaram pessimismo ao fazerem estas perguntas, que possivelmente devem ter lido as teorias da reprodução do Althusser.[50] Não faz mal que leram, eu acho que o Althusser, o Bourdieu,[51] toda essa gente, trouxe uma contribuição extraordinária à compreensão do fenômeno político e pedagógico, mas tem que ir acima dele. No Brasil, para que uma classe, uma escola, ou uma sociedade de classes, alcance efetividade pelo menos 80% desta tarefa, com precisão e competência, é preciso que a classe dominante dessa

---

[49] "As ideias da classe dominante, em todas as épocas, são também as ideias dominantes, ou seja, a classe que é a força material dominante da sociedade é também a força espiritual dominante. A classe que dispõe dos meios de produção material dispõe, ao mesmo tempo, dos meios de produção intelectual, se bem que, estando estes contidos naqueles, as ideias dos que não dispõem dos meios de produção intelectual ficam, ao mesmo tempo, subordinados a essa classe dominante." (MARX, K.; ENGELS, F. *A ideologia alemã*. São Paulo: Boitempo Editorial, 2007, p. 49).

[50] Louis Althusser (1918-1990), filósofo marxista francês de origem argelina, que escreveu, entre outras obras, *Aparelhos ideológicos do Estado*. São Paulo: Boitempo, 1979.

[51] Pierre Bourdieu (1930-2002), filósofo e sociólogo francês, professor do Collège de France. Escreveu, em parceira com Jean-Claude Passeron, a obra *A Reprodução: elementos para uma teoria do sistema de ensino*, Lisboa: Editorial Vega, 1978.

sociedade também seja altamente competente, o que não é o caso brasileiro.

É preciso acabar com essa mania de ler as teses que são desenvolvidas na Europa e pensar que é igual à Europa; você não pode comparar a classe dominante francesa com a classe dominante brasileira. O desenvolvimento das forças produtivas na França ou na Suíça, não é o mesmo do desenvolvimento das forças produtivas no Brasil. E nesse caso, eu sou marxista e, acredito que o desenvolvimento das forças produtivas explica o desenvolvimento do processo cultural, histórico, pedagógico, jurídico etc. Então como diabo é que eu transplanto uma explicação de lá pra cá? É isso que inclusive a gente às vezes não pensa. Eu queria dizer aos amigos e amigas que fizeram essas perguntas que muito do que esses intelectuais disseram está certo, realmente; mas não generalize porque se generalizou, não é mais ciência. Eu queria dizer a vocês, por exemplo, que quem reproduz mesmo nesse país, com uma ênfase extraordinária, a ideologia capitalista, não é a escola. Você pensa que somente esta Universidade está fazendo isso! Ah, meu Deus! Onde é que está a competência dessa classe dominante para ter nessa Universidade um ponto alto. E eu depois, diria: e que injustiça vocês estariam fazendo com os professores e professoras que eu faço questão de não citar aqui para não criar caso, que não têm nada que ver com a opção capitalista. Quem está reproduzindo este treco no Brasil é a televisão, isso sim, aí, sim. Ligue a televisão para ver a novela das oito e tome um banho de reprodução capitalista. Isso porque a televisão é para Althusser um aparelho ideológico do Estado. Liga a televisão, no domingo no canal TVS e veja aquelas brincadeiras para ganhar 4 milhões, 5 milhões e um carro Volkswagen, cinco por domingo, isso sim, está reproduzindo a esperança do e no impossível, e isso é fundamental no sistema capitalista. Então, uma pessoa entre 120 milhões por semana ou por quinzena, acerta aquele Baú e entre 120 milhões uma é aquinhoada. Quem está vendo aquilo diz a si mesmo: "No próximo domingo posso ser eu". Isso reproduz a estrutura ideológica do sistema como nenhuma universidade brasileira competente pode fazer. Segundo, você pode imaginar que reprodução ideológica eu estarei fazendo nas universidades onde eu ensino. Não, não e não!!! Eu diria mais aos meus queridos amigos e às minhas queridas amigas, ninguém pense que eu sou aqui um idealista. O que eu sempre tenho escrito é que o sistema escolar em qualquer sociedade é subsistema de um sistema maior e como subsistema não cabe a ele fazer a mudança no sistema maior, dialeticamente. É isso; não pode! Agora, o que não é possível pensar, a não ser que viremos mecanicistas, e não mais dialéticos, é que o subsistema educacional só tem uma coisa a fazer: reproduzir o sistema maior. Isso não se dá nem nos países altamente modernizados capitalistamente falando, como os Estados Unidos. Isso não se dá nem na Suíça, que é para mim, dos Estados capitalistas que eu visitei aquele que alcançou maior nível de eficiência. Para vocês terem ideia, por exemplo, um cidadão estrangeiro pode requerer a cidadania suíça se viver dez anos no país, isso depois de um processo todo, de se submeter a uma série de exames. Mas o filho dele pode requerer cidadania com cinco anos no país se provar que passou na escola primária suíça. Você vê o seguinte: isso que é apostar na força reprodutora da escola. O legislador que fez isso apostou na sua escola e na verdade ela tem isso, ela é eficientemente reprodutora. Mas nem eles acreditam que é 100%. Não é 100%. Não pode ser.

Eu agora jogo para os próprios autores das perguntas, que me pareceram muito amargos e muito pessimistas. Eu apelaria para que eles aproveitassem o embalo crítico em que eles se acham quando confirmam que na verdade a escola reproduz, que vão mais além e pensem que não é só reproduzir. Eu agora provaria o contrário, inclusive com o argumento deles.

Os autores destas perguntas passaram por essa escola e, no entanto, eles foram capazes de descobrir quem reproduz. Por que não estão alienados todos eles? Por que fizeram estas perguntas? Será que para entendê-los, faria essa pergunta crítica, ou você viraria ingênuo pensando que eles são gênios. Eu acho que aqui não tem ninguém gênio. Desde aqui de cima até lá embaixo somos todos gente comum. Ou eles são gênios e ultrapassaram, ficaram distantes do poder ideológico? Nem os gênios escapam à ideologia. Ou eles vieram privilegiadamente mandados por "papai do céu" para não se deixarem tocar pela ideologia dominante? E não há uma coisa nem outra. O fato de vocês, autores das perguntas, terem feito as perguntas assim, se explica que apesar do poder ideologizador, há também outro lado, nem sempre claro, que é o da contestação ao poder ideologizador, e é isso o que vocês estão fazendo! Ao fazer as perguntas, vocês contestam a ideologia dominante. E ao contestar a ideologia dominante, só têm um passo agora a dar: descobrir que é possível contestá-la dentro da escola e não só nessa reunião aqui. E é possível também usar o espaço da escola, mas evidentemente, sem ingenuidade nenhuma. É possível fazer que os outros jovens descubram o que vocês descobriram não apenas porque leram Althusser, Bourdieu, ou outro teórico da reprodução.

Para ir concluindo, tem uma pergunta, que é a seguinte: "Como se pode pensar em uma educação justa e digna quando políticos colocaram a educação como uma agência de empregos para os familiares e exoneram e começam uma caçada contra as pessoas que não deixam de ser levadas por este sistema corrupto?"

Muito bem, eu direi mais duas coisas sobre isso. Evidentemente, quando eu falei ontem e continuo falando hoje, numa proposta radicalmente democrática, e não há que temer esta palavra — democrática — que todo mundo diz logo: democracia é burguesia. Minha Nossa Senhora! Vou fazer um comentário entre parêntese: quando eu me coloco do ponto de vista de quem se opõe à ideologia dominante no poder, não posso cometer a ingenuidade de pedir à classe dominante que não faça mais essa educação! Quer dizer, se eu fosse fazer isso era bom botar uma asa por aqui e voar, angelicalmente para o céu. Não, quando eu falo o faço como militante que, ao ser um educador é um político porque é um educador. E que não pode esperar que a transformação radical da sociedade se dê para que ele comece a ser educador radical. Até porque se eu esperar, não se faz a transformação. Transformação não se faz enquanto se espera. Se faz enquanto se faz, esperançando. Isto é, praticando a esperança. E só se faz se a gente faz e não se a gente fala dela. Então a minha posição é a seguinte: em lugar de afirmar o que não é verdade, que a escola só é reprodutora, o que eu tenho que fazer é aproveitar os espaços em que ela não é reprodutora. Ou melhor, criar nela um espaço para a não reprodução, criar nela um espaço da contestação. Isso é o que eu tenho que fazer, e não ficar citando teorias que no fundo terminam por justificar a falta de ação. É preciso agir e não justificar a inação.

Eu falei que iríamos concluir com a pergunta anterior, mas sugiram mais três muito importantes também. Vocês perguntam como eu vejo a participação da igreja no processo de desenvolvimento da democracia, qual a importância da teologia na educação, e a teologia da libertação não deveria ser a preocupação máxima da prática educativa?

Eu não sei se vocês leram — vocês não são obrigados a ler tudo o que eu escrevi, sobretudo num tempo da carestia como esse — mas há um livro, um livro que saiu no Brasil já há anos e que se chama *Ação Cultural Para a Liberdade e outros escritos.* Nesse livro há um texto dentro de uma seleção de textos que eu fiz entre o ano de 1968 e, creio, até o de 1974 — que é um ensaio que escrevi sobre o papel da Igreja na América Latina do ponto de vista da educação, em que eu tento mostrar que não há um certo papel da Igreja Universal, quer dizer, o que há são papéis diferentes em função da opção política da Igreja. E eu tento mostrar, e acho que mostro que uma coisa é a educação que uma Igreja Tradicional propõe, e outra é a educação que a igreja Modernizante propõe; outra ainda, é a educação que uma Igreja Profética propõe, e essas três educações têm necessariamente que divergir, apesar de serem todas da Igreja. Uma igreja tradicionalista, uma igreja profética, uma igreja modernizante são radicalmente diferentes. Com isso eu tentava mostrar também que há uma politicidade da igreja.

"UTOPIA E PODER", PALESTRA PROFERIDA POR PAULO FREIRE NO CURSO DE EXTENSÃO CULTURAL "IGREJA E PODER", NO DIA 12 DE MAIO DE 1984, NA PONTIFÍCIA UNIVERSIDADE CATÓLICA DE SÃO PAULO

Vim aqui, hoje à tarde, para conversar um pouco com vocês sobre a temática que está posta "Igreja e poder". Vou tentar colocar alguns problemas, partindo da nossa experiência no Brasil, para fazer comentários em torno da expressão autoritária de poder e de como venho tentando utopicamente me contrapor, teórica e praticamente, aos diferentes níveis de expressões autoritárias entre nós.

Como brasileiro, uma coisa que me toca e preocupa intensamente é um "gosto de mando", um certo gosto de poder opressivo, autoritário, que silencia quem está por baixo. Na realidade, é uma inclinação ao exagero de autoridade, à distorção da autoridade em autoritarismo, que perpassa as classes sociais no Brasil, de tal maneira que, talvez, a gente não corresse o risco de errar dizendo que somos uma sociedade fantasticamente autoritária.

Incrível o autoritarismo no Brasil! Ele se expressa de diferentes ângulos e revela uma exacerbação de poder: o poder do Estado, o poder das classes dominantes, o poder econômico, o poder intelectual. É o "Sabe com quem estás falando?" que intimida. Pode até haver blefe nisso. Mas o próprio blefe confirma a tese do autoritarismo. O sujeito olha para o outro e diz: "O senhor sabe com quem está falando?". O outro fica desconfiado, pensando estar em frente a uma patente de qualquer tipo de poder. É melhor, por isso mesmo, não correr o risco de perguntar: "Com quem estou falando?". É que esta pergunta pode parecer desrespeito ao autoritário que fez a indagação.

Então, vejam: uma das expressões autoritárias do poder no Brasil é o poder do macho. Eu, é claro, sou homem e confesso que gosto muito de ser. Mas uma coisa que não aceito é exatamente a exacerbação do poder, é o autoritarismo que a ideologia machista expressa nas relações dos homens com as mulheres neste país.

A gente vê essa ideologia se explicitando em tudo. Por exemplo, a chamada sintaxe de concordância da língua portuguesa é tremendamente macha. E ninguém me convence que isso é pura sintaxe. Há ideologia por trás da sintaxe e a linguagem também é ideológica.

Por exemplo, se há num salão duzentas mulheres e apenas um homem, somos forçados "sintaticamente" a dizer: "Todos vocês, **os homens** que aqui se acham" etc. Às vezes conversando com amigos, digo: "Como a sintaxe da gente é macha! Toda concordância se faz no masculino". De modo geral, explicam: "É que, quando a gente diz **homem**, inclui as mulheres!".

Mas se em certo momento de nossa conversa, nesta tarde, eu dissesse "as mulheres...", garanto que nenhum dos homens presentes se sentiria incluído. A gente está de tal maneira deformada pela ideologia expressa nessa linguagem que se digo: "Estou convencido de que as mulheres neste país deveriam...", tenho certeza que todos os homens ficam em paz, não assumem nada porque sabem que estou falando delas só e não deles. Mas se eu disser: "É indiscutível que o homem brasileiro...", as mulheres todas acham que estou falando delas também.

Não se pode, na verdade, pensar a linguagem sem pensar o poder, sem pensar também o poder da ideologia. Marilena Chaui fala muito bem disso em seu livro *O que é ideologia*.[52]

---

[52] Sobre Marilena Chaui, ver nota de rodapé no capítulo III desta Parte I.

O poder expressa-se autoritariamente também através da questão racial, do poder da chamada raça branca, que se considera "melhor". O Brasil é uma sociedade profundamente racista. Mas dá impressão de democracia étnica. Isto é pior, pois "democracia étnica" aqui não passa de um mito.

A linguagem também expressa esse racismo, que é autoritário, que é ideológico. Você pergunta a uma pessoa, por exemplo: "Você conhece Maria?" E a pessoa responde: "Conheço, conheço. Maria é pretinha, mas é formidável!"

Em primeiro lugar, se tenta adocicar com um diminutivo, trocando-se "preta" por "pretinha". E essa tentativa de adocicar é racista.

Quantos de nós aqui têm coragem de dizer: "Eu tenho um amigo negro, uma amiga negra", ou então, "Você é negro!". Geralmente a gente esconde a palavra! Não sou psicólogo, mas acho que a necessidade de esconder implica certo sentimento de culpa. E acho que quando a gente tem sentimento de culpa diante do negro, da negra, a gente é racista.

Em segundo lugar, além do diminutivo "pretinha", com que se adocica a coisa, a frase referida tem o "mas", a conjunção adversativa. Por que o "mas"?

Ninguém diz: "Conheço fulana. Ela é loirinha, tem lindos olhos azuis, mas...". A gente aprende na escola o que é a conjunção, mas não aprende a ideologia da conjunção, que expressa a questão do poder!

Nos Estados Unidos, observei como os negros são duríssimos com todo o branco que chega a eles com sentimento de culpa. Eles o recusam porque o sentimento de culpa revela uma raiz racista.

Outra questão é a da linguagem da classe dominante diante da classe dominada. A exacerbação do poder, aí, se exprime em diversos níveis, desde a relação pessoal da "madame" com a cozinheira, do executivo com o chofer, até o discurso do político para o povo.

Não sei como vocês se sentem diante de certas entrevistas de ministros. Vi entrevistas em que ministros falam ao Brasil como se o Brasil fosse a nação de meninos e meninas debiloides. Quando voltei ao Brasil, em 1979, eu tomava susto ao ver certos ministros falando na televisão. Eu dizia para Elza: "Com quem este cara está falando estas coisas?". E concluía tristemente que era com a gente.

Lembro de um discurso que o Padre Antonio Vieira deu em 1640, no hospital da Misericórdia na Bahia, ao receber o Marquês de Montalvão, que vinha ao Brasil como vicerei para fazer uma avaliação dos desastres da guerra contra os holandeses. Nesse discurso, Padre Vieira cita a palavra "infante", que em latim significa "o que não fala". Se refere à parábola do endemoniado mudo e, comparando-o com o Brasil, diz que a grande doença brasileira era o silêncio imposto pela Corte: toda vez que o Brasil quis protestar, teve sua palavra tolhida na garganta, ou pelo arbítrio, ou pelo medo. E Vieira continua mostrando como a enfermidade do silêncio vai destruindo as potencialidades do país.[53]

É um sermão de 1640, mas ainda hoje de uma atualidade incrível. Isso mostra a dimensão histórica do autoritarismo. A nossa história vem sendo marcada por tentativas de dominação sobre as classes populares, cuja história não se conta, porque a história que se conta é exatamente a história de quem faz o povo calar. Conta-se a história dos agentes que fazem silenciar e não das massas silenciadas. De maneira que toda tentati-

[53] No capítulo anterior, tem uma nota de rodapé com parte do sermão do Padre Vieira.

va de as massas se rebelarem contra o silêncio é sempre posta entre parênteses ou contada de maneira diferente.

Vejam, por exemplo, como a gente até hoje aceita falar de "Inconfidência Mineira". Um grupo que se levanta para promover a libertação do país é chamado de traidor e a gente continua repetindo isso. Mas esse era o nome pelo qual o colonizador tinha que chamar na época aqueles que lutavam pela independência do Brasil.

Tem gente que ainda hoje fala em "Descobrimento do Brasil". O Brasil não foi descoberto; o Brasil foi invadido e conquistado pelos portugueses. E até hoje isso não é dito às claras.

A nossa história tem sido preponderantemente isso: uma tentativa que o poder faz de nos silenciar constantemente. Mas estamos vivendo hoje no Brasil um momento histórico formidável em que as grandes massas populares estão de novo tentando falar, estão de novo insistindo em romper o silêncio.

Isto porque o autoritarismo não é uma essência imutável do povo brasileiro. O povo **não é; está sendo**, historicamente, assim. Faz muito tempo que a gente vem sendo assim, o que tem a ver com o que a gente vem sendo hoje. Mas não tenho dúvida de que isso vai mudar, se a gente se inserir na história e fizer a transformação das condições materiais da sociedade.

A sociedade se transforma através de uma práxis política que tenha um compromisso com as grandes massas silenciadas. São essas que, paradoxalmente, terão voz, pois é exatamente quem tem quinhentos anos de silêncio é que pode ensinar a quem falou demais a falar certo.

São as massas brasileiras, silenciadas há quinhentos anos, que transformarão esta sociedade um dia. Não se pode esperar delas, já desde o início, um discurso organizado, um discurso maravilhoso como do Padre Vieira. O seu discurso refletia exatamente a sua prática de transformação, e é esse discurso-ação libertador, de corpo inteiro, que vai reeducar alguns e algumas de nós (e aqui faço questão de quebrar o machismo da linguagem!) a fazer também uma fala diferente.

Esta já é um pouco de minha postura utópica. E acho que a utopia é importante, porque ao imaginar como as coisas podem ser diferentes do que estão sendo hoje, a gente ganha forças para transformar o mundo e a nós mesmos.

Não é possível fazer uma análise das estruturas autoritárias nas quais estamos metidos, de maneira neutra e descompromissada. Há os que defenderão a preservação do autoritarismo. Não é a estes que estou me dirigindo, pois não tenho nenhuma vocação missionária de convertê-los a uma postura democrática. Quero falar é aos que aceitam esta postura como ponto de partida e como procedimento.

Pois bem, se temos uma opção política de compromisso com a classe trabalhadora, temos um sonho, uma utopia. Meu sonho não é apenas a tomada do poder, mas a **reinvenção** do poder! A tomada do poder pode implicar na reprodução ideológica do velho poder autoritário. Mas é preciso, sim, reinventá-lo completamente de maneira democrática.

Este compromisso político exige coerência em todas as outras dimensões da vida. Para mim, é uma contradição se um de nós, que tem uma opção como essa, não modifique a relação possessiva com "sua" namorada, ou "sua" mulher, com "seus" filhos, "seus" alunos — vejam como a própria linguagem trai este caráter possessivo. Como é que a gente pode ter uma opção por transformar radicalmente este país e, ao mesmo tempo, considerar-se proprietário do amor do outro?

O amor é libertação e não aprisionamento; é uma maneira de crescer, de **ser mais**, e não uma maneira de **ser menos**. E o autoritarismo do macho é profundamente asfixiante do crescimento da mulher.

Este alerta vale principalmente para nós que temos esta opção pela transformação social. Pois é preciso coerência entre o discurso que a gente faz em público e a prática que a gente tem no dia a dia. E não é o discurso que autentica a prática, mas é a prática que diz sim ou não ao discurso.

A gente está pretendendo fazer neste país um discurso novo, diferente. Esse discurso, de um lado, implica necessariamente a reinvenção da sociedade, mas de outro, não é possível esperar que a sociedade total se refaça para que o discurso seja refeito em sua totalidade.

Aí que entra a importância da utopia. A postura utópica implica um "estar fora do mundo". Mas isto não significa necessariamente que a utopia seja irrealizável. Pelo contrário, a utopia é a unidade dialética entre a denúncia do que está ocorrendo e o anúncio do que deve ser. Toda postura utópica implica numa fantasia necessária, que as revoluções precisam ter e, quando não têm, deixam de ser revoluções. Ao imaginar o possível, você antecipa o amanhã no sonho, ou na tentativa de viabilizar este sonho amanhã.

Alguns revolucionários foram fantasticamente utópicos. Vejo Guevara, por exemplo, como um profundo amoroso das massas populares, dos homens e das mulheres, amoroso da transformação radical. Era um homem que vivia sonhando constantemente com a viabilidade do próprio sonho. Ele sonhava, não porque era um sonhador, mas porque era um revolucionário. Quer dizer, ele buscava realizar seu sonho. Isto, para mim, é utopia.[54]

Não é fácil, evidentemente, ser utópico no sentido revolucionário. Nem todo mundo pode ser Guevara[55], Amílcar Cabral[56] ou Fidel Castro.[57] Repetir os autoritários até que é fácil. O que é difícil é encarnar este sonho utópico de amorosidade que alguns homens e algumas mulheres têm encarnado. A experiência existencial da denúncia e do anúncio demanda da gente uma grande coerência entre a expressão verbal do próprio sonho e as menores práticas de que a gente participa para realizar o sonho, nas relações homem e mulher, professor e aluno...

Se não tiver práticas democráticas, atraiçoo meu discurso revolucionário, tornando-me um revolucionário autoritário: um contrassenso. Minha utopia me leva a não aceitar nenhuma contradição entre revolução e prática radical e democrática dentro da própria revolução. Uma revolução, uma transformação utópica radical da sociedade, se faz com as massas e nunca sobre elas nem tampouco por elas.

---

[54] Paulo Freire, leitor de Ernst Bloch (1885-1977), devia estar pensando também n'*O Princípio Esperança,* obra maior do filósofo alemão, que na página 97, escreve: "O sonho acordado e antes de tudo o interesse revolucionário, com seu conhecimento de como está ruim o mundo e seu reconhecimento do quanto ele poderia ser bom como um outro mundo, que necessita do sonho desperto para a melhoria do mundo". *O Princípio Esperança,* Rio de Janeiro: Contraponto, 2005.

[55] Sobre Che Guevara, ver nota de rodapé 44 (p. 157).

[56] Amílcar Cabral (1924-1973), revolucionário nascido na Guiné-Bissau, foi o responsável pela futura independência do seu país e do Cabo Verde. Considerado por Freire como "pedagogo da revolução". Disse Amílcar Cabral, bem a gosto de Paulo Freire: "Se eu pudesse, faria uma luta só com livros, sem armas". Morreu assassinado, em 1973.

[57] Fidel Alejandro Castro Ruiz (1926-2016), revolucionário cubano. Líder da revolução que derrubou Fulgencio Batista. Foi primeiro-ministro de Cuba de 1959 até 1976, quando assumiu a presidência do país.

Mas acho que vivemos hoje no Brasil um momento extraordinário, em que o autoritarismo está sendo posto em juízo pela práxis dos movimentos populares, dentro dos quais a nova educação desse país começou a se gerar. Uma educação que coloca 1.500.000 pessoas nas ruas, no movimento pelas "Diretas Já" (1984), em São Paulo, de mãos dadas cantando o Hino Nacional e sem arranhar uma parede ou quebrar uma flor, é uma prova disso.

É isso que está dando susto nos autoritários necrófilos, amorosos da morte, que gostariam de continuar decretando morte sobre nós, com o discurso de negação de nossas liberdades.

Vocês me fazem a seguinte pergunta: "A educação sempre foi uma arma utilizada pelo sistema para reforçar o poder? Diante disso, gostaria que você falasse sobre o papel da Igreja dentro da estrutura educacional".

Pois bem, esta pergunta coloca duas questões. Uma questão teórica sobre o fenômeno da reprodução ideológica da educação, que começou a ser estudada de modo especial a partir de Althusser,[58] nos anos 1960. A segunda questão se refere à prática das igrejas neste contexto.

O que está implícito na primeira parte da pergunta? Na verdade, o sistema educacional de qualquer sociedade é um subsistema de um sistema maior. Ou seja, o modo de produção, em que a organização econômica condiciona as relações sociais, inclusive a educação. O subsistema educacional é gerado no corpo do sistema social maior. Então, não cabe ao subsistema gerar quem o gera. Por isso mesmo, é impossível ao subsistema transformar o sistema. Isto significa que não é através da escola que a gente pode fazer a transformação social e política da sociedade.

[58] Paulo Freire se refere ao filósofo francês Louis Althusser (1918-1990).

Muita gente pensa que através da educação se possa transformar as pessoas de tal maneira que, de agressivas passem a ser dóceis e compreensivas; de egoístas passem a ser amorosas e capazes de compreender que os outros também têm direito de viver e sobreviver. Desta forma, a educação primeiro mudaria o coração das pessoas e, quando a sociedade estivesse cheia de "corações bons", estes transformariam também a sociedade.

Essa é uma posição profundamente ingênua. E tenho a impressão de que hoje pouca gente ainda acredita nisso. Há sim, os que defendem estas ideias, com astúcia. Se disser, por exemplo, que o trabalho da educadora é transformar o coração das crianças, entende-se que ser educadora é ser como "sacerdotisa". E sacerdotisa não deve fazer greve.

Na realidade, o educador, a educadora não são "sacerdotes" coisa nenhuma. São profissionais. E como profissionais, quando não recebem o justo, entram na luta e precisam fazer greve mesmo, senão os patrões não pagam.

A educação enquanto subsistema não pode se transformar em alavanca de transformação do sistema de poder, porque é este que define a natureza do subsistema educacional. Isto significa que ninguém no poder aceitaria que se pusesse em prática uma educação que desvelasse a natureza autoritária do seu poder. Desta maneira, é só na medida em que se muda a estrutura do poder que este pode inventar uma educação diferente.

Mas, se a tarefa da escola é reproduzir a ideologia dominante, esta reprodução não se dá mecanicamente. A relação entre o subsistema educacional e o sistema global da sociedade é histórica, dialética, contraditória, enfim, é processual e não mecânica. Por isso é que sua tarefa fundamental de reprodução ideológica pode ser contestada.

Por exemplo, a escola condiciona alunos e professores a reproduzirem inconscientemente as relações e a ideologia autoritária vigente na sociedade. Mas estudantes e professores podem desvelar criticamente este processo de reprodução do autoritarismo.

Evidentemente, é muito mais fácil reproduzir do que contestar. Quem reproduz consciente ou inconscientemente a ideologia dominante, nada a favor da maré. Quem contesta, consciente e politicamente, o papel reprodutor da educação, nada contra a correnteza.

Mas a contestação apenas do subsistema — a escola — não basta. A contestação tem que alcançar o sistema global, que deve ser visado como algo a ser transformado radicalmente.

A contestação do sistema social, a partir da inserção num subsistema, gera ambiguidade. É a ambiguidade de quem vive no sistema trabalhando contra o sistema. É preciso tomar consciência desta ambiguidade e assumi-la criticamente, inclusive para se tornar eficiente na contestação. O professor e a professora contestatários têm que assumir uma competência científica e técnica, que jamais pode estar dissociada da opção política. Você tem que se perguntar a favor de quem e contra quem você está sendo competente. Porque não há competência técnica nenhuma que desde o começo não seja política. E, quem contesta o papel reprodutor da educação trabalhando dentro do sistema educacional, precisa ser ainda mais competente e levar a sério sua tarefa.

Por exemplo, a reivindicação salarial é um ato político necessário, mas se a gente ficar só nesse nível, a gente cai no "economicismo", que Lenin[59] já criticou há muito tempo. Isto é, a

[59] Trata-se de Vladimir Ilitch Ulianov (1870-1924), sociólogo, político, militante revolucionário russo. No caso, Lênin tratou do tema na obra *Que fazer?* São Paulo: Hucitec, 1988.

gente tem que dar um salto para a dimensão do ato reivindicativo que exige melhores condições de trabalho para ser, de fato, educadores e lutar com as massas populares por escola pública não só em maior quantidade, mas também de melhor qualidade.

É preciso, enfim, lutar para transformar radicalmente o sistema social. Não se trata de criar, apenas, diálogo entre professor e aluno. A contestação realizada dentro do subsistema educacional deve ter em vista o sistema global. E o educador, na escola, só contribui para transformar este sistema na medida em que se articula à luta dos movimentos populares para reinventar a sociedade.

E como a igreja se insere neste contexto?

Vai depender de que igreja é esta. No meu livro *Ação Cultural para a liberdade* (na época, a Editora Paz e Terra teve que trocar, no título original *"Ação Cultural para a libertação"* por *"Ação Cultural para a liberdade"*, por causa da conjuntura política, há um texto que escrevi há dez anos, "O papel da igreja na América Latina", onde eu tento explicar três tipos de ser Igreja. Chamei o primeiro de "tradicional", o segundo de "modernizante" (a mesma tradicional que se moderniza para ser mais eficiente) e, por fim, a "profética". As duas primeiras falam de Páscoa, mas não fazem a Páscoa (a mudança). A Igreja profética é a única que faz a Páscoa, porque não tem medo de morrer e, por isso mesmo, vai permanecer.[60]

A Igreja profética é utópica, no sentido em que é denunciante e anunciante, engajando-se na transformação do mundo. Por isso, "a Igreja profética é tão velha quanto o recado

[60] No capítulo anterior, Freire esboça este tema. Agora ele vai um pouco além, mas remetendo aquelas e aqueles ouvintes que quiserem aprofundá-lo, ao livro *Ação cultural para a liberdade e outros escritos*.

de Cristo, sem ser tradicional, e tão nova quanto o recado de Cristo, sem ser moderna". Uma das novidades da história política e pedagógica nesse país são as Comunidades Eclesiais de Base (CEBs). Elas são uma das expressões da massa popular vivendo a palavra e rompendo o silêncio. Elas estão no cerne da dimensão profética da Igreja. É a expressão da Igreja que se compromete, denuncia, anuncia, que comete pecados, mas que se insere no meio popular e promove a transformação.

Desta maneira, as CEBs promovem no meio popular uma educação conscientizadora e libertadora, contrária à educação catequética que as Igrejas tradicional e moderna promovem na linha de dominação ideológica.

É preciso, então, identificar a posição política que a igreja assume para compreender o sentido de sua prática pedagógica.

Diante do que acabei de falar, vocês me perguntam como deve atuar na escola o professor que opta pela mudança das estruturas autoritárias, sendo que tanto o professor quanto o aluno são condicionados por estas próprias estruturas? Respondo, dizendo que a educação é uma relação. Quando o jovem educador pretende com o jovem estudante refazer esta relação, repito, devem saber que, ao fazer esta proposta de reformulação, devem estar voando mais alto do que a própria sala de aula. A questão não é apenas reformular os métodos do subsistema de educação, mas é de começar a dar um testemunho da sociedade nova.

A gente não pode só viver o hoje e nem pode viver só no amanhã que a gente sonhou: é preciso saber que o amanhã só se faz na transformação do hoje e mudando o hoje eu vou criando o amanhã. E ninguém chega ao amanhã senão refazendo o hoje.

Mas, para refazer o hoje, é preciso considerar que o hoje é fruto de ontem. Ou seja, os jovens que chegam hoje à sala de aula têm uma história de classe, têm uma história de cultura e receberam uma ideologia de autoritarismo, que foi reproduzida em casa e na própria escola. Eles ouviram o tempo inteiro que "professor é quem ensina e estudante é quem estuda". E é obvio que, quando o jovem professor propõe mudar esta relação e fazer o trabalho juntos, os jovens estudantes tendem a reagir: "Ô professor, deixa de embromação: você está aqui para ensinar e eu para aprender". E pode até ficar pensando que o professor que não se impõe autoritariamente é incompetente.

Desta forma, em primeiro lugar, é preciso compreender que o moço reproduz, sem o saber, a ideologia dominante que, possivelmente, ele também quer contestar. Segundo, é preciso respeitar a sua posição. Mas, terceiro, não aceitar. Entender é necessário, respeitar é fundamental, mas é preciso brigar. E como brigar?

Em primeiro lugar tu tens que ser competente. Competente na própria área, para assegurar ao estudante que ele não está órfão e desamparado. Segundo, tu tens que ampliar tua competência além do limite da própria área, para saber discutir com o jovem do ponto de vista epistemológico e político as razões de tua proposta. Logo de início tu tens que colocar para a moçada o que é o ato de conhecer, relação entre prática e teoria, assim como a questão da opção e coerência política.

Terceiro, é preciso levar a sério todos os questionamentos, mesmo os provocativos, e discuti-los, sem arrogância. Aos estudantes com quem trabalho sempre digo: "Não há pergunta boba, nem resposta definitiva". Toda pergunta é legítima, até mesmo as provocativas, porque por detrás de toda agressão sempre existe uma razão. Não se trata de ser mansinho, mas também de jamais ser arrogante. Se tu fazes isto uma vez, duas vezes, tu vais conseguir ganhar a confiança dos estudantes.

Desta forma, aos poucos, o grupo vai ganhando maior segurança e se tornando capaz de definir seus interesses comuns, suas propostas, suas utopias. Começam, assim, a atuar participativamente, na busca de realizar suas utopias e, com isso, se inserem no processo de mudança.

Bom, vou parando por aqui. Espero que esta conversa, em que a gente abordou vários assuntos de forma pouco sistemática, tenha ajudado, mesmo assim, a reforçar nossa utopia e nossa luta por reinventar as estruturas de poder.

ENTREVISTA DE PAULO FREIRE CONCEDIDA À COMISSÃO PASTORAL DOS PESCADORES (CPP/CNBB NE 2), NO DIA 1º DE MAIO DE 1986 EM RECIFE (PE)[61]

TÂNIA MOREIRA: Professor, nós trabalhamos na CPP, Comissão Pastoral de Pescadores,[62] entidade ligada à CNBB – Regional NE 2, que vem trabalhando já há uns 20 anos com os pescadores. A forma do pescador artesanal se organizar é em Colônias. É a sua forma de organização. Então, à proporção que eles foram assumindo as diretorias das Colônias, eles foram se liberando um pouco mais (antes, há uns 20 anos, eram dirigidas sob regime de intervenção). E foi aí que, ao assumirem as diretorias das Colônias, os pescadores sentiram a necessidade da alfabetização, praticamente por conta de toda a relação administrativa com órgãos oficiais como a Sudepe, Capitania dos Portos e outros mais. Portanto, a alfabetização partiu de uma solicitação de várias Colônias, inicialmente em Pernambuco, e depois se espalhou por Alagoas e Rio Grande do Norte.

Há um ano foi iniciado juntamente com essas Colônias e diretorias, um trabalho de alfabetização, mas a equipe anterior[63] não deu continuidade por motivos vários e a gente reas-

[61] A entrevista foi elaborada e realizada por Maria Teresa Lisboa Nobre, Alexandre Aragão de Albuquerque, Tânia Maria Moreira Santos e Teresa Cristina Moreira de Lucena. Por solicitação de Freire, a entrevista não foi divulgada/publicada na época. Posteriormente, quando o projeto foi concluído, a equipe se desfez e esse documento permaneceu inédito. A entrevista foi transcrita e é aqui reproduzida na íntegra.

[62] CPP/CNBB Regional NE 2, hoje Conselho Pastoral dos Pescadores. Fundada pelo Frei Alfredo Schnuettgen (OFM) em 1968, a Pastoral dos Pescadores trabalha há mais de 50 anos com pescadores e pescadoras artesanais em quase todo o Brasil. Link para acesso: www.cppnacional.org.br.

[63] Inicialmente o trabalho foi desenvolvido por uma equipe do Centro Josué de Castro/Recife, contratada pela CPP exclusivamente para este fim. Após o desligamento, membros da própria equipe da CPP assumiram o Projeto de Alfabetização.

sumiu este ano. Atualmente estamos atuando em 14 turmas de pescadores adultos, filhos de pescadores, mulheres pescadeiras, que são as marisqueiras. Em Pernambuco nós temos 7 turmas; no Rio Grande do Norte nós temos 2, em Caiçara e Rio do Fogo. Também em Alagoas nós temos 4 turmas: Penedo, Roteiro e mais próximo Maceió. Então, ao todo são 14 turmas, no total de 300 alfabetizandos e no momento a gente tem alguns questionamentos.

PAULO FREIRE: E os materiais, como é que vocês estão fazendo?

TÂNIA MOREIRA: Na parte metodológica nós tivemos assessoria de Astrogilda,[64] inclusive temos ainda contato com ela. Então, a partir da parte metodológica, a gente tem atuado junto aos monitores, com treinamentos e acompanhamentos.

PAULO FREIRE: E os resultados, como é que vocês estão indo? Como a coisa está indo?

TÂNIA MOREIRA: É justamente aí; em algumas questões estamos tendo dificuldades e esperávamos demais por esta oportunidade, para esclarecê-las.

ALEXANDRE ARAGÃO: Quer dizer alguma coisa, Teresa?

TERESA NOBRE: Como Tânia colocou, esses cursos surgiram a partir de uma reivindicação das Colônias, a origem foi esta,

---

[64] Astrogilda Paes de Andrade, pedagoga, membro da primeira equipe de Paulo Freire, quando da implantação do seu Método, em Recife. Professora do Departamento de Educação da UFPE. Assessorou a CPP neste projeto, durante seu período de elaboração e início da execução.

que coincidiu com a organização dos pescadores. É como você falou naquele dia, à medida que eles tomam a história na mão, eles tomam também a palavra.

Então foi isto que surgiu aqui, de modo geral. E a gente viu que realmente o curso favorecia uma maior organização da categoria — através dos debates e tudo — e também que atingia os pescadores que estão nas Colônias, que necessitam saber ler e também interpretar, terem uma visão crítica da realidade para poder conduzir as Colônias. Depois a gente percebeu que existem áreas nas Colônias que não estão na própria sede: a sede às vezes é numa praia, mas existem áreas distantes que fazem parte da jurisdição daquela Colônia, e às vezes não existe uma assistência aos pescadores, pela distância, pela dificuldade de acesso e tudo.

Assim, a gente pensou que o curso de alfabetização seria uma forma de a Colônia começar algum trabalho nessas áreas, de favorecer a organização da categoria, a participação dos pescadores na Colônia etc.

A gente observa que existe um terreno preparado para isso, mas que é também um processo inverso, porque naqueles lugares não está sendo uma solicitação explícita da comunidade, embora exista um interesse deles pelo curso, o desejo de aprender a ler etc.

Desta forma, a gente gostaria de saber como o senhor vê isso: como é que o senhor percebe este processo que em alguns lugares está se dando dessa forma, como se o curso fosse uma porta aberta para a organização da categoria, enquanto em outros lugares já existe a organização e houve uma reivindicação, da própria diretoria da Colônia...

PAULO FREIRE: É, eu vejo da seguinte maneira: em certas circunstâncias existe a solicitação do curso com a perspectiva apenas do curso. Quer dizer, vamos admitir um certo grupo popular que descobre uma necessidade. Às vezes, por exemplo, o grupo popular descobre a necessidade de ler e escrever, porque premidos por uma questão econômica, por exemplo: um grupo popular se congrega e cria um clube, uma cooperativa, seja o que for, para sobrevivência, e depois de fazer isso, descobre que faz falta ler e escrever para poder registrar, inclusive o movimento da cooperativa ou do clube, ou disso, ou daquilo.

Nesse momento então o grupo reivindica a alfabetização. Então o que é que pode acontecer? Aí o que pode ocorrer o que deveria ocorrer?

Então o educador ou a educadora, nesse caso, atendendo à reivindicação popular, monta o curso com uma preocupação muito séria de ser eficiente do ponto de vista de ensinar a ler e escrever, porque essa é a reivindicação popular. Assim é preciso que a educadora demonstre desde o começo, numa hipótese como essa, (depois você pode dizer: muda, muda aí o miolo e o marco continuam o mesmo), quer dizer, no caso, a equipe deve partir para responder a essa reivindicação, a esse pedido, de maneira tanto quanto possível eficiente. Quer dizer, então, a formação da jovem educadora que vai trabalhar deve ser muito cuidada, ela deve na verdade ensinar a ler e a escrever. Mas fazendo isso e demonstrando logo de saída que ela está engajada com o grupo de camponeses ou pescadores, não importa, para que eles leiam e escrevam, quando o grupo começar a perceber, na verdade, a resposta a seu pedido vem sendo dada, aí então a educadora vai ampliando o horizonte. Entende? Pode começar, quem sabe, através do debate, da conversa, a desafiar o grupo e perceber que afinal de contas não existe alfabetização que pare, que termine nela mesma. Quer dizer que toda leitura da palavra escrita é sempre precedida por uma certa leitura do mundo, certa leitura da realidade. E todo aprendizado da leitura da palavra remete a gente mais uma vez à leitura do mundo. Então a leitura do mundo, à qual a gente é remetido através da leitura da palavra, significa uma releitura. Porque se antes você lia o mundo, agora ao ler a palavra, volta a ler o mundo; a volta é uma releitura e, possivelmente — eu não digo que toda vez é — mas, quase sempre, a releitura abre caminhos que antes não estavam sendo vistos. Quer dizer, a releitura pode tornar-se mais crítica do que a primeira leitura. Então aí, simultaneamente, com o processo de aprendizagem da palavra, você vai ampliando o processo de compreensão crítica de como a sociedade funciona.

Para isso, para mim, a melhor coisa, o melhor caminho, seria o desenvolvimento de uma certa preocupação em ler a história da própria comunidade. Entende?

Então, era pegar, ao mesmo tempo quem tem uma equipe começando o trabalho de alfabetização, e deveria haver outra ou ela mesma, preocupada em compreender como é que essa comunidade se constituiu, quais foram os determinados momentos de lances importantes da luta daquela comunidade de pescadores. Vocês estavam falando que há 20 anos atrás — eu me lembro muito bem disto — eu tive vários contatos, há 25 anos atrás, 30 anos atrás essa coisa era totalmente manipulada de cima para baixo, entende? Era uma coisa que vinha, inclusive do Estado Novo (1937-1945), também, para não dizer que já vinha desde que Cabral chegou aqui (1500). De maneira que o conhecimento das lutas populares é absolutamente fundamental. Então, eu acho que, por exemplo, na própria escolha de algumas palavras geradoras, ter a possibilidade de, através de uma, de duas, de três dessas palavras, fazer um recuo histórico, uma regressão, dar um salto para trás e aí então, arrancar deles próprios a sua história e, ao discutir a história de ontem, estudar com eles como a história de ontem marca a de hoje, mas como a de hoje pode superar a de ontem, através da transformação do presente, com o qual a gente cria o futuro. Você pode fazer isso partindo, portanto, da resposta à reivindicação popular. Às vezes, a reivindicação popular já vem muito mais abrangente. Quer dizer, os caras já estão pedindo não só a alfabetização, mas eles estão pedindo, inclusive discussão em torno de como se mobilizar, de como se organizar. Quer dizer, uma comunidade que alcança este nível está revelando uma experiência política, uma prática de luta maior do que a anterior, por exemplo. Então, no fundo, eu diria a vocês, teoricamente, (tenham cuidado com a gravação) que o conteúdo, ou os conteúdos dos programas (sem os quais a gente não pode ter programa obviamente), e até certos procedimentos metodológicos, são fortemente condicionados pelos níveis de luta política, de luta de classes dos grupos populares.

Então o educador ou a educadora tem que estar muito advertido/a em face de como os grupos populares estão confrontando-se na luta pela sua sobrevivência.

Olha, toda luta pela sobrevivência, que no fundo é conflito de classe, ela é necessariamente política; ela necessariamente se veste de um certo manto ideológico; ela tem necessariamente que ver com procedimentos culturais; ela necessariamente cria cultura, e recria cultura, na medida em que ela cria "manhas" para a própria luta, sem as quais o oprimido desapareceria. Isso tudo tem que ser compreendido. Ela gera um certo e indiscutível conhecimento no grupo popular, e a luta é eminentemente pedagógica. Dessa maneira vocês teriam, no meu entender, tanto quanto possível, estar procurando compreender o movimento das lutas populares, nos seus níveis mais incipientes, nos seus níveis mais fortes, mais sublinhados, mais enfáticos, e os conteúdos da formação pedagógica estão ligados necessariamente a esses momentos de lutas e de confrontação. Agora, é claro, um dos papéis da gente, como educador, ao surpreender e ao apreender certos desses conteúdos, gestando-se na luta popular, um dos papéis nosso — por isso é que a gente é bom ou mau intelectual — é o de fazer harmoniosamente a organização do programa, dos conteúdos, e como é que a gente coloca um cá, outro lá... Então nesse esforço de colocação, a gente deve ir convidando lideranças populares, porque as lideranças populares têm o direito de aprender a fazer isso também com a gente; não apenas a gente, sem nunca dar o salto do gato. Quer dizer, o povo... Para mim, isso é postura elitista, mesmo quando é feita por gente que pensa que é revolucionária. Quer dizer, é elitista e autoritário/a. Então, eu acho que um dos papéis nossos é exatamente o de ir organizando, é o da organização curricular, para usar agora uma expressão acadêmica.

Neste trabalho de organizar, a gente então tem o dever de incluir, de inserir certos conteúdos que não estão explicitados na luta popular, mas que a gente sabe que são conteúdos fundamentais, porque eles são às vezes conteúdos mediadores da compreensão dos outros. Então a gente percebe, por exemplo, que entre o conteúdo A e o conteúdo C falta o B, e o B a gente vai incluir, entende?

Agora, às vezes vocês podem encontrar um outro tipo de comunidade que está absolutamente distante das duas hipóteses às quais eu me referi. Se eu estiver fazendo qualquer discussão no ar, demasiado no ar, vocês...

ALEXANDRE ARAGÃO: Não, você para mim, está bem dentro, está com os pés no chão, bem no chão.

PAULO FREIRE: Às vezes a gente encontra um outro tipo de comunidade que não corresponde ao primeiro nível, nem ao segundo. Muito mais longe do segundo ainda. Mas acontece que, ainda, até do ponto de vista geográfico, e do ponto de vista político, essa comunidade é fundamental ao processo das demais. Mas acontece que ela não está, não está...

ALEXANDRE ARAGÃO: "aquecida"

PAULO FREIRE: Aquecida! Então para mim, com outra metodologia de trabalho, com outra forma de acercamento da realidade, vocês têm que tentar a provocação dessa comunidade. Agora, o que é que acontece? De saída a gente não pode esperar que a resposta desta, seja às vezes nem sequer parecida com as respostas que a gente está tendo com as outras duas hipóteses, porque esta comunidade está longe demais de ter entrado na prática da briga, por exemplo, ela está tímida, ela está mais imersa, no processo. Agora acontece que ela fica no caminho, ela está estrategicamente numa situação importante para a luta geral, e a gente tem que cutucá-la, entende? Agora, por exemplo, eu tenho a impressão de que, num caso como esse, a gente teria que procurar, mais do que em outros, testemunhar.

Olha, eu acho que o problema do testemunho na pedagogia política popular é uma coisa importante. O testemunho a que eu me refiro não é meu nem o teu, nem o nosso testemunho, de chegar lá, fazer um discurso sobre nossa vida, sobre a nossa luta. Por exemplo, leva o Paulo Freire para ele falar sobre o que ele fez em 30 anos. Não, não é isso. O problema é possibilitar a esta comunidade que está desaquecida, é mostrar a ela o testemunho de uma aquecida e, aquecendo-se. Então, por exemplo, se vocês dispusessem de um aparelho (bem, a gente pode sonhar, não é? Não faz mal não. Vamos partir de um sonho muito bem alto, e depois baixar para o concreto). Se vocês pudessem dispor de um aparelho de vídeo, de videocassete, já imaginou? O que era gravar debates nas duas comunidades que estão assim e assim, e depois visitar esta que está assim, como quem não quer e querendo lhe dizer: "Ah! Muito bem, (isso num sábado de tarde ou um dia de domingo) a gente trouxe um filmezinho de umas coisas que estão acontecendo aqui, a uns 30 km de distância, numa comunidade pesqueira também e tudo".

Por exemplo, os primeiros filmes poderiam ser da própria pesca, aparentemente inocentes, fazer vídeo de um cara numa jangada, de dois caras pescando isso, aquilo outro, e mostrar a outros pescadores a 20 km de distância e discutir com eles as próprias técnicas que os companheiros estão usando na pesca — que são as mesmas —, e discutir com eles inclusive, a história dessas técnicas que já existiam aqui quando Cabral conquistou ou ajudou a conquista. E mostrar coisas que eles conhecem e fazem, começar a mostrar coisas que eles adivinham, mas não fazem, que seria exatamente a discussão política, o debate, a luta. Filmar um círculo de cultura com um cara aprendendo a ler, mostrar. Olhe, na medida em que você revela o testemunho de um grupo anterior, não obstante em primeiro lugar, aquele grupo percebe que gente igualzinha a ela pode fazer, está fazendo, coisas que eles também poderiam fazer; em segundo lugar, é possível que o testemunho provoque um desejo de fazer algo parecido. Essa me parece que é uma das melhores formas que você tem. A outra forma é aproveitar o mais longínquo sinal de rebeldia que um grupo possa revelar, de protesto e estimular. No fundo, o trabalho da gente é um pouco subversivo também, porque, evidentemente você tem uma opção que é política em primeiro lugar, e pedagógica em segundo lugar, eu até diria agora que é político-pedagógica. Portanto, não é nem primeiro, nem segundo, é simultaneamente político-pedagógica e essa opção sua é uma opção para superar o estado de coisas que está aí, que representam uma imoralidade. Isso a gente pode falar, uma injustiça tremenda. Então você tem um sonho de mudar, de mudar este país, radicalmente. Ora, nesse momento a pedagogia que você representa é necessariamente subversiva, porque se não for, não presta, está entendendo? Agora, eu acho que ela tem que dar um salto da subversividade ou da subversão para alcançar o nível crítico da revolução. A revolução aqui é como conceito, eu não estou falando necessariamente em bala, eu sei que vocês entendem, mas é que pode ter muita gente que não entenda.

ALEXANDRE ARAGÃO: Não, mas pode ficar tranquilo que a fita só vai ficar com a gente mesmo.

PAULO FREIRE: Só para objeto de estudo de vocês. Agora, descobrir possíveis razões de conflitos, de protestos, é também absolutamente importante para o educador. Não para que o educador chegue lá dentro e faça ele mesmo, ele mesmo assumir. Não, não pode, porque isso daí, desse jeito, você não levanta nada. Mas o educador deve, no meu entender, o educador popular, ele deve desenvolver algumas virtudes, algumas qualidades que ele só desenvolve na prática mesmo, e uma delas, por exemplo, que indiscutivelmente vocês já devem ter, é o que chamo de sensibilidade histórico-social. Quer dizer, é este "treco" que faz você adivinhar que tem alguma coisa por aí, que você cheira de longe.

Olha, o educador popular que não estimula em si mesmo essa qualidade de intuir o que vai ocorrer, pode se aposentar no começo logo, que ele será ineficiente, e ele se esborrachará no processo. Então, esta sensibilidade da gente de poder perceber o que pode ocorrer amanhã, é absolutamente indispensável. Porque a gente tem, de um certo modo, de se antecipar no processo. Mas você só faz isso na medida em que você vive intensamente o processo, entende? Porque sem viver intensamente o hoje, você não tem a intuição do amanhã, de jeito nenhum. Eu sempre digo que os profetas que não são velhos, doidos ou velhos rabugentos, sujos ou sujas, com roupas imundas, esses homens com cajados, uma barba branca, nada disso. Os profetas são aqueles ou aquelas, que vivendo intensamente o hoje, preveem e anteveem o amanhã. Isto é que é o profeta. Por isso, para mim, inclusive, o profeta será tão mais autêntico quanto não apenas fale em nome dos que não podem falar, mas, na medida em que brigue para que os que não podem falar, começarem a falar. Quer dizer, para mim isto é o grande trabalho da educação popular. Nesse sentido ele é profético, ele é utópico.

Então eu acho que vocês podem encontrar esses três tipos. Agora, às vezes a gente não encontra nenhum deles em estado puro, estão entendendo? Quer dizer, você não tem nenhum em estado puro, que você pode dizer: "Este daqui é o meu testemunho da pureza desse estado", porque há sempre os processos históricos, sociais. Eles são muito essa coisa de "é e não é", porque no fundo eles estão sendo. Mas o que importa aqui para mim é a preponderância do traço, da marca, e para cada um deles você tem que ter procedimentos, adequando-se ao estado. Por isso é que eu acho que nós, enquanto educadores e educadoras populares, temos que reinventar o nosso trabalho quase todos os dias. Agora, vejam, vocês não têm — pelo menos no momento, é um sonho, em São Paulo já seria um sonho menor — mas, se um grupo como o de vocês dispusesse de um vídeo, mas nos EUA é óbvio. Mas aqui no Nordeste é muito difícil, mas vocês podem baratear esse treco, vocês podem adequar isto à realidade. Por exemplo, aqui eu não acho nada inviável que vocês consigam, mesmo precisando ainda de dinheiro, trabalhar com fotografias. Pois bem, por que então não pensar numa comunidade como essa, em começar, com paciência, a provocar exposição fotográfica, da dor local e da experiência de briga de fora, por exemplo?

ALEXANDRE ARAGÃO: Até mesmo, professor, entre categorias distintas, diferentes, camponeses, operários, pescadores...

PAULO FREIRE: Isso mesmo! Então, por exemplo, mostrar o teatro, a dramatização. A questão é como entrar na área, a questão é descobrir o que é que pode tocar, o que é que pode despertar meia dúzia de caras, começar com meia dúzia. Propor, por exemplo, um show e levar gente de fora, mas começar a provocar para que gente de dentro se insira na programação.

Então, um show com música, um sanfoneiro, um repentista ou uma dramatização. Olha, as culturas de memória oral, todas elas, são preponderantemente teatrais, poéticas. Inclusive na história da cultura humana (se a gente pode dizer assim), a poesia precedeu sempre à prosa. Sempre... É interessante, por exemplo, como eu via isso concretamente na África. Por exemplo, Angola, os países das antigas Colônias portuguesas, todos, sim. Moçambique, Angola, Guiné-Bissau, Cabo Verde, São Tomé e Príncipe, todos eles conheceram uma extraordinária poesia. Depois do movimento de independência em 1975/76 por aí, somente Angola e Moçambique (mas mais Angola) estava na prosa; já, por exemplo, a literatura angolana atual, o romance, o conto, da altura das coisas boas que a gente também tem cá. Alguns, de romancistas angolanos hoje, estão sendo inclusive publicados no Brasil, com muito, muito êxito. Enquanto os outros continuam na poesia ainda. Olha, na nossa área popular, a cultura é quase, eu diria que é exclusivamente oral, a memória é oral e não gráfica. Então, nessas culturas de memória oral, o teatro tem um papel indiscutível, um papel enorme; teatro, mamulengo, todas essas representações que têm a ver com o corpo, mas que têm a ver, sobretudo, com a palavra oral. Então vocês poderiam entrar nesse tipo de comunidade com algumas dessas hipóteses de trabalho, mas juntar a isso a fixação visual, quer dizer, o instrumento visual que inclusive prepararia para o passo mais adiante de introdução do elemento gráfico, que é a área exatamente escrita. Então vocês poderiam começar fazendo exposições, inclusive locais, de fotografias. Vocês poderiam possibilitar inclusive que alguns, que as pessoas do próprio local batessem fotos, as fotos que bem entendessem, e depois de revelar as fotos, fazer uma exposição de uma certa área, numa tal comunidade, num certo local, fazer um papo sobre as fotos com meia dúzia de gente do local que topasse. Quer dizer, uma discussão em torno do que há por detrás das fotos e, mais adiante, trazer para dentro de uma comunidade como essa o testemunho da comunidade vizinha, através da fotografia, do que se faz lá. Uma fotografia de pesca, uma fotografia do debate político, disso e daquilo outro, até que chegasse o momento da reivindicação da comunidade para um tipo mais específico de trabalho, que pudesse ser no campo da alfabetização.

Agora, finalmente, com relação a um outro problema que vocês devem ter, cedo ou tarde, nas áreas que já estão aprendendo a ler, é o problema do que possibilitar que seja lido. Quer dizer, o problema exatamente tem que ver com a continuidade do processo da alfabetização. Quer dizer, é isso que se chama de pós-alfabetização, o que fazer depois? Eu sempre digo que, quando você deflagra um processo de alfabetização, ele traz embutido nele a pós-alfabetização. Então, lançar uma etapa de alfabetização, uma campanha de alfabetização, implica necessariamente em pensar a pós-alfabetização. Quer dizer, o que fazer em seguida. Esse "o que fazer", tem uma série de caminhos, de possibilidades, um deles é a continuidade a nível oficial das programações, do chamado curso básico do 1º e 2º graus;[65] o outro que eu acho importante é, de qualquer maneira, mesmo seguindo a programação oficial — eu acho que a gente deveria tentar ultrapassar ou engordar a programação oficial — de um outro conjunto de conteúdos que não estão necessariamente postos na programação oficial. Mas, sobretudo, essa etapa coloca para vocês o desafio dos textos

[65] Primeiro e segundo graus, hoje Ensino Fundamental e Ensino Médio.

de leitura. Quer dizer, eu acho que os textos de leitura devam ser em 1º lugar, deles também, mas não só deles. No momento em que você começasse a fixar apenas os textos redigidos ou falados pelos grupos de alfabetizandos e montasse aí pequenos panfletos, publicações, com o discurso popular, mas ficasse nesse nível, você correria o risco de não ultrapassar o horizonte da compreensão popular. É preciso dar o salto; então a minha tese é que a gente deve elaborar textos de leitura que, de um lado, apresentem autoria popular, do outro, autoria de fora. Então, é preciso fazer uma seleção muito rigorosa de textos dos chamados intelectuais. Aproveitar uma linguagem acessível e introduzir a leitura popular. Agora, se vocês — vejam bem — trabalham numa cultura preponderantemente e às vezes, definitivamente de memória oral, a gente introduz a comunicação escrita nesta cultura, mas se depois de introduzir a comunicação escrita a gente não oferece à comunidade os instrumentos de continuidade do uso da leitura e da escrita, obviamente que o analfabetismo regressivo se instala, em menos de 6 meses. Quer dizer, não tem sentido, não dá. Então, nessa altura, eu acho que pensar em Jornais Murais, por exemplo, é absolutamente indispensável. Vocês estão trabalhando em uma comunidade pesqueira em que 50 pessoas aprenderão a ler e a escrever, então, pensa já na possibilidade de instalar, em um canto da comunidade, um Jornal Mural, cujo conteúdo se modifica de 15 em 15 dias, por exemplo. Aí a equipe de vocês tem que crescer um pouco, no sentido de ter agora gente que se encarregue de elaborar as notícias, as notícias que devem ser locais, mas regionais e depois, nacionais, entendem? Isso para você ir fazendo círculos concêntricos, ir aumentando a capacidade de percepção e de horizonte político da comunidade. É preciso dar um salto da comunidadezinha pesqueira para o mundo, estão entendendo? (Quer dizer, eu acho que até no outro século vai ser ainda, porque é possível). Eu sempre digo, se eu estou no lado de uma rua e descubro que a casa que eu quero, está do outro lado, eu tenho que atravessar a rua; ninguém chegou jamais até hoje lá, partindo de lá. Todo o mundo chega lá partindo de um certo aqui. Esse aqui é o ponto de partida, inclusive do conteúdo programático da educação. Quer dizer, tem muito educador que pensa, está convencido, autoritariamente, de que o ponto de partida da educação são os conteúdos que ele sabe que são fundamentais ao povo. Você vê que, no fundo, é um autoritarismo maravilhoso. Esse ponto de partida é o seu "aqui", e não o "aqui" do povo. Enquanto eu estou convencido de que o meu "aqui" é o "lá" do povo, então eu tenho que ir ao "aqui" do povo e vir com ele não para o meu "aqui", mas tentar ir além do meu "aqui", que é a revolução mesma, porque o meu "aqui" é insuficiente ainda. Tem gente aí, caboclo pedagogo brasileiro, que está convencido que o seu "aqui" é o fim, é o objetivo central. Vocês vejam então, há um mundo de coisas, não? Que podem ser pensadas, entendem, que podem ser, eu não sei...

Pelo que disse ontem, o De La Mora, o Luis, disse para dizer a vocês que ele tem dinheiro para possibilitar uma vinda minha até aqui, só para vocês e outros grupos comuns, não? Isso pra mim é absolutamente fundamental, quer dizer, entre vir aqui para isso e a Harvard, eu venho aqui, pra fazer isso. E outra coisa, por exemplo, não é preciso pagar nada a mim, para fazer isso. Nadinha, a não ser pagar passagem, nem hotel precisa, pois tem este hotel aqui que é muito bom, do meu cunhado. E se ele organizar — hoje eu vou conversar com ele — se ele sistematiza isso, então eu estudo no ano que vem a minha agenda. Esse ano eu ainda posso vir aqui, no segundo semestre, quer dizer, dou um jeito de vir aqui no segundo semestre, e aí a gente podia esmiuçar melhor certos problemas que vocês têm. Agora, olha, eu não sei. Eu espero que o que eu disse aqui, agora de manhã, possa ser trabalhado lá, e que isso possa ser útil.

ALEXANDRE ARAGÃO: Professor, em termos da formação desses monitores, o sr. falou ontem, anteontem, poderia esmiuçar um pouquinho isso? Como é que o sr. visualiza essa formação, se existem etapas iniciais?

PAULO FREIRE: Olhe, eu acho que em primeiro lugar vocês deveriam partir para uma compreensão da formação, enquanto permanente e não de uma formação que se dá hoje e acabou. Permanente.

ALEXANDRE ARAGÃO: Mas o chute inicial, qual seria?

PAULO FREIRE: O chute inicial. O chute inicial, para mim, teria que ser feito desde o começo, casando a prática com a teoria. Então vamos admitir que vocês precisam capacitar seis jovens para alfabetizar. Então vocês têm funcionando já alguns círculos de cultura, e teriam possibilidades de fundar mais seis círculos, por isso mesmo precisam capacitar seis. Primeira conversa que vocês teriam que ter era com os futuros alfabetizandos desses seis círculos, e dizer a eles o seguinte: "Olhe, vocês estão querendo se alfabetizar e nós então temos que formar seis pessoas para fazer esse trabalho. Mas essas seis pessoas só se formam fazendo, então nós estamos querendo conversar com vocês aqui, para dizer a vocês, para pedir a vocês uma contribuição, e qual é a contribuição que a gente quer de vocês? É que vocês ajudem a gente a se formar, a formar esses educadores. E como? Aceitando que eles venham começar a trabalhar com vocês sem nunca ter feito isso, e a gente vai observando como é que eles trabalham sem nunca ter trabalhado, e é corrigindo os erros que eles se formarão. Então, vocês estão sendo convidados a assumir um papel importantíssimo na formação deles, e esse é um papel político". Você já imaginou, você já começa falando com o alfabetizando, chamando o alfabetizando a assumir uma postura política na formação dos educadores deles. No dia de começar a coisa, vocês têm educadores, então vocês montam dois círculos de cultura com esses grupos de alfabetizandos, depois escolhem dois educadores dos seis e dizem: "Bem, vocês começam hoje de noite, nós vamos ter o círculo". O cara diz: "Mas eu nunca fiz isso!". "Não, mas um dia, uma pessoa faz pela primeira vez uma coisa que nunca fez". Dois por noite trabalham coordenando o círculo de cultura, na presença de vocês, na presença da equipe. Vamos admitir que eles trabalham na segunda-feira de noite, por exemplo, durante duas horas, ou uma hora e meia. Na terça-feira de manhã, de acordo com o horário que ficar estabelecido, você reúne os seis (sim, os quatro assistem os dois funcionando, cada um numa sala e os outros quatro estarão assistindo seus colegas trabalhando). No dia seguinte, você reúne os seis e o primeiro momento do seminário é a análise que os quatro fazem do trabalho dos dois. Os quatro se obrigam a fazer perguntas: "Como é que vocês fizeram aquilo ontem?". No fim do segundo momento são vocês fazendo a crítica do trabalho dos dois. E ao fazer a crítica, vocês vão discutir a teoria da prática exercida pelos dois na noite anterior. Na segunda noite mais dois são testados; na última noite, a terceira noite, os outros dois são testados. E daí em diante os seis continuam durante um processo de uns dez a quinze dias. E vocês vão dando a teoria do processo, na medida em que o cara vai experimentando na prática. Essa para mim é a melhor maneira que você tem de formar gente. Eu formei gente assim na África com a Elza, de maneira exemplar. Agora, a partir daí a formação contínua, no que eu chamo de seminários de avaliação da prática. Quer dizer, cada semana, fim de semana, reúne os seis com os outros que já estão e avaliam o que foi feito naquela semana, fazem a crítica com eles da sua própria prática, quer dizer, grosso modo é assim que eu acho que vocês têm o melhor caminho de formar gente. Muita gente ainda pensa que a melhor maneira de formar gente é manter trinta caras dentro de uma sala e passar um mês dando conferência. Para mim não é, é expor você à prática e fazer a análise da prática com você, e na análise da prática nunca ultrapassar a teoria da prática que foi vivida. Eu quero dizer o seguinte: eu só tenho que analisar teoricamente aquele pedaço da prática que foi vivido, tenho que ser paciente e esperar o dia seguinte, onde vai haver uma ultrapassagem. Aí eu ultrapasso com a teoria também, entendem?